顧問先との 会話 から引き出す

資産対策
〈提案テクニック〉

101会　編著　税理士　山本 和義

樫木 秀俊・加藤 芳樹・桐元 久佳・髙津 拓也
永井 博之・中原 雄一・藤井　敦・宮崎 知行

清文社

はじめに

　長年相続対策のお手伝いをさせていただいていて、多くの相談者が、ほとんどの相続対策の本に書かれている基本的な相続対策の項目についても、知っているだけで、相続対策を実行している人が如何に少ないかということを実感しています。

　相続対策の必要性を感じていながら対策を実行できないのは、現状把握（財産のたな卸を通じた問題点の洗い出しとその処方箋）ができていないため、何をどのようにすれば良いか、誰に相談すればその問題を解決できるのか、などについて分からないためと思われます。

　本書は、税理士事務所の個人事業者や法人税の担当者が、顧問先の社長などとの会話を通じて、資産対策について実行が必要であることについて気付きを与えたり、表現していない資産税の問題を確認することができるような事例を集めたものです。

　本書の著者は、長年にわたり税理士として多くの事例についての経験を有する者で、体験事例のうち資産税業務についての基本項目の確認のために必要な会話、具体的な相続対策を実行に導く会話、意思決定を促す会話などを中心に事例を厳選してまとめてみました。

　第1章では、個人の事業者との会話で相続対策の基本について解説し、第2章は法人の顧問先の社長との会話の中で、自社株などの承継などについて、社長との会話の中から問題点の抽出や具体的な対策などを解説しています。

　会話については、要点のみを簡潔に表現していますので、税理士事務所の法人税等の担当者にとって資産税対策を顧問先から引き出す際のヒントになるよう工夫しています。

　また、コラムによって専門家として理解しておくべき事項についても解説してあります。

　本書の解説について、共著であることから統一性に欠ける部分もありますが、少しでも実務に忠実に表現することを優先した結果なので、その旨ご理解いただければ幸いです。

　本書が、税理士事務所の法人税等の担当者の資産税業務のニーズの掘り起こしなどの参考になれば、著者としては望外の喜びです。

　さいごに、本書は、企画から出版の会議打ち合わせ・校正まで一貫して携わっていただいた清文社の城田輝行氏の激励と協力なしには刊行できなかったものであり、紙面を借りて深甚なる感謝を申し上げます。

令和6年11月

101会を代表して
税理士　山本 和義

CONTENTS 目次

第1章 個人編

❶家族構成などの確認 …………………………………………………… 2
❷確定申告書等から所有財産を把握する ……………………………… 5
❸相続対策の4つの基本項目 …………………………………………… 9
❹資産管理会社の活用 …………………………………………………… 12
❺賃貸物件・不動産投資の提案 ………………………………………… 14
❻老朽化した賃貸物件に対する提案 …………………………………… 17
❼自宅敷地の活用～小規模宅地等の特例など～ ……………………… 19
❽実家の相続～空き家、相続土地国庫帰属制度～ …………………… 22
❾生命保険の活用 ………………………………………………………… 25

コラム 生命保険で相続財産を守る　28

❿生前贈与の基本～暦年課税～ ………………………………………… 30

コラム 暦年課税贈与による生前贈与加算　33

⓫生前贈与の基本～相続時精算課税～ ………………………………… 35
⓬生前贈与の活用～相続税の負担割合を考慮～ ……………………… 38
⓭生前贈与の活用～贈与者が高齢の場合～ …………………………… 40

コラム 高齢者による生前贈与は相続時精算課税　43

⑭子や孫への資金援助〜扶養義務者からの贈与〜 …………… 46

　コラム　贈与税は相続税の分割前払い　　　　　　　　　48

⑮多額の現金の預入れ〜マネー・ローンダリングに注意〜　49
⑯エンディングノートと遺言書 ………………………………… 51

　コラム　遺言書作成のポイント10か条　　　　　　　　　53

⑰遺言書を必ず作成しておくべきケース ……………………… 56

　コラム　自筆証書遺言か公正証書遺言か　　　　　　　　59

⑱相続登記の義務化 ……………………………………………… 61
⑲数次相続〜2回続けて相続があったとき〜 ………………… 63

　コラム　相続の開始があったことを知った日　　　　　　65

　コラム　提出期限が休日祭日の場合　　　　　　　　　　67

⑳養子縁組後の代襲相続 ………………………………………… 69
㉑共有不動産（土地）の解消 …………………………………… 73
㉒道路拡張などによる土地の収用 ……………………………… 75
㉓保険を活用した老後対策 ……………………………………… 77
㉔小規模企業共済とiDeCoの併用 ……………………………… 80
㉕上場株の運用とNISAの活用 ………………………………… 84

　コラム　特許権、著作権、営業権の相続　　　　　　　　87

　コラム　相続で取得した資産の取得日・取得費　　　　　90

CONTENTS

第2章　法人編

❶ なぜ、中小企業の事業承継は難しいのか ………………………… 94

❷ 名義株式について …………………………………………………… 96

コラム 議決権の確認　　　　　　　　　　　　　98

❸ 後継者への株式の移転について ………………………………… 99

コラム 自社株贈与の納税猶予と相続時精算課税　　　104

❹ 後継者がいない会社〜M＆Aを検討〜 ………………………… 106

❺ 法人が会社をM＆Aで購入 ……………………………………… 108

❻ 自社株評価の仕組み ……………………………………………… 110

❼ 会社から社長に地代を支払っている場合 ……………………… 117

コラム 土地の無償返還に関する届出書　　　　　120

コラム 個人の土地に同族法人が建物を建てて使用　　122

❽ 社長個人の底地と同族法人の借地権を交換 …………………… 124

❾ 土地建物を複数所有する会社 …………………………………… 127

コラム 3年以内取得の土地建物がある場合　　　131

❿ 社長の土地建物を会社が賃借している場合 …………………… 135

⓫役員借入金と相続税・法人税 ……………………………………… 141

コラム 同族法人への貸付金　144

⓬金融資産が多い会社 ……………………………………………… 147
⓭配当と法人税・相続税 …………………………………………… 150
⓮会社規模区分と自社株対策 ……………………………………… 154
⓯赤字続きで純資産額が大きい会社 ……………………………… 158
⓰株式等保有特定会社の対策 ……………………………………… 162
⓱配当還元方式の活用 ……………………………………………… 165

コラム 特例的評価方式によって評価されるとき　171

⓲分掌変更による役員退職金 ……………………………………… 174
⓳株価対策としての役員退職金 …………………………………… 178
⓴死亡時の役員退職金と弔慰金 …………………………………… 181
㉑オペレーティングリースが満期を迎える会社 ………………… 183

【凡　例】

通法……国税通則法	所基通……所得税基本通達
所法……所得税法	法基通……法人税基本通達
法法……法人税法	相基通……相続税法基本通達
措法……租税特別措置法	評基通……財産評価基本通達
通令……国税通則法施行令	

※　本書の内容は、令和6年11月15日現在の法令等によります。

第1章　個人編

第1章 個人編-❶

家族構成などの確認

担当者:毎年、確定申告をさせていただいていますが、社長はお子様がいらっしゃいませんね。社長に万が一のことがあった場合、誰が相続人になられるかを考えたことはありますか？

社長:私は子どもがいないので妻と私の兄が相続人だと思っていたんだけど、兄が数年前に亡くなってしまったんだ。兄には子どもが2人いると思う。

担当者:そうすると、社長の相続の場合は奥様と甥2人が相続人になりますね。ちなみに、奥様の相続の場合は、どなたが相続人になりそうか教えていただけますか？

社長:妻は兄弟がなく年老いた母がまだ健在なので、もし妻が私よりも先に亡くなった場合は、私と義母が相続人になるのかな。

担当者:そうですね。ただ、相続が発生する順番はわかりませんので、複数のケースを想定し、対策を考えておくことが大切です。次回は家族関係を把握するための関係図を見ながらお話しさせていただければと存じます。社長のご自宅や会社の株式などの財産について社長に万が一のことがあった場合にどうなるのかを考えるきっかけにしていただければと存じます。

社長:毎年の決算や確定申告のことは気にしているが、家族と財産のことについてはあまり気にしていなかったのでよろしくお願いします。

ポイント

経営者の確定申告に関する情報から、家族関係や相続に関わる情報を把握します。例えば、子がいる場合は それぞれの子の近況を聞いてみましょう。子がいない場合は、遺言書や養子縁組による相続対策が考えられます。

1 家族構成において確認すべきポイント

まず家族構成から確認します。この場合に、配偶者の有無、家族に障害者などがいないか、相談者の残された時間はどのくらいかなどを確認します。

確認すべきポイント	相続対策としての検討事項
① 配偶者の有無	配偶者がいる場合には、高齢の配偶者であれば残された配偶者が余生を心配することなく過ごすことができる対策を重視して組み立てることが必要です。
② 子のいない夫婦	子のいない夫婦で、配偶者と兄弟姉妹が相続人である場合、兄弟姉妹には遺留分がありませんので、遺言書で配偶者が遺産を相続することができるように準備しておくことが重要です。
③ 家族に障害者がいる場合	家族の中に障害者がいる場合には、特定障害者扶養信託を活用して非課税贈与を実行するなどの対策が必須となります。
④ 独身の専業主婦（夫）がいる場合	長年引きこもりや専業主婦などをしている子は、自ら働いて収入を確保することが難しいと思われます。そのため、安定した収入が得られる仕組み（賃貸不動産などの取得）を構築しておかなければなりません。

2 推定被相続人の年齢と健康状態を把握する

相談者の年齢と健康状態を確認します。健康状態に問題がない場合には、年齢から平均余命（次ページ参照）を基に相続対策を進めることが基本です。

また、夫婦のうち、どちらが先に死亡するかを仮定して、先に死亡すると仮定する者の相続対策を優先するようにします。一方、いずれの者の財産が多いか概算でも把握し、財産の多い者の相続対策を優先することも考えられます。

残された時間が10年以上あると予想される場合には、生前贈与や生命保険の活用など相続対策の基本の対策を着実に実行することが肝要です。

一方、残された時間が短い場合でも、相談者の意思能力があれば即効性のある相続対策（養子縁組や非課税財産への組換えなど）を実行することになります。

主な年齢の平均余命

(単位：年)

年齢	男			女		
	令和5年	令和4年	前年との差	令和5年	令和4年	前年との差
0歳	81.09	81.05	0.04	87.14	87.09	0.05
5	76.30	76.25	0.05	82.35	82.28	0.07
10	71.33	71.28	0.05	77.37	77.30	0.07
15	66.36	66.31	0.06	72.40	72.33	0.08
20	61.45	61.39	0.06	67.48	67.39	0.08
25	56.59	56.53	0.05	62.57	62.48	0.09
30	51.72	51.66	0.07	57.65	57.56	0.09
35	46.87	46.80	0.07	52.74	52.65	0.08
40	42.06	41.97	0.08	47.85	47.77	0.08
45	37.28	37.20	0.09	43.01	42.93	0.08
50	32.60	32.51	0.09	38.23	38.16	0.07
55	28.05	27.97	0.09	33.54	33.46	0.08
60	23.68	23.59	0.09	28.91	28.84	0.08
65	19.52	19.44	0.09	24.38	24.30	0.07
70	15.65	15.56	0.09	19.96	19.89	0.07
75	12.13	12.04	0.09	15.74	15.67	0.07
80	8.98	8.89	0.09	11.81	11.74	0.07
85	6.29	6.20	0.10	8.33	8.28	0.06
90	4.22	4.14	0.08	5.53	5.47	0.06

出典：厚生労働省「令和5年簡易生命表の概況」より

第1章 個人編-❷

確定申告書等から所有財産を把握する

担当者：毎年、確定申告をさせていただいていますが、今まで所有財産の把握はされたことはおありでしょうか？

社長：おおまかにはわかっているが、正確には把握していないよ。

担当者：もし宜しければ、所有財産の一覧表を当方で一度作成してみましょうか？今後、税金対策などの何かの役に立つかもしれません。

社長：そうかい、それで作成にあたって何か必要資料はあるの？

担当者：不動産については確定申告の際に固定資産税の納税通知書をお預かりしているので大丈夫です。生命保険については契約書の写しを、金融資産やその他の財産についてはメモなどで結構ですのでいただければ助かります。

社長：では次回の監査の際にメモを渡せるように準備しておくよ。

> **ポイント**　経営者や経営者の家族の確定申告の際に預かった固定資産税の納税通知書をもとに不動産の情報を把握するとともに、金融資産や生命保険の情報を入手し財産のたな卸を行います。そうすることによりおおまかな推定相続税額の把握をすることができます。

1　まずは所有財産の把握から

　毎月顧問先との接点をもっている監査担当者が相続に関する基礎知識を充分に有し、情報をキャッチする感度を高めておかなければ、顧問先のニーズに即座に対応することができません。

　相続対策といいますと高度で且つ専門的な知識が必要で、何か難しそうに思いがちです。そのため多くの経営者等は相続対策の必要性は感じていても、誰にどのように依頼して相続対策を進めていけばよいかわかっていない状況にあります。

2 必要資料を集めよう

　相続財産を把握し相続税額を試算するにあたって、まずは財産の話をするための資料を集めることから始めます。必要となる資料は次のとおりです。

- 所得税の確定申告書……過去3年分
- 固定資産税の納税通知書……本年分（できれば家族分も）
- 預貯金や有価証券の概要……内容のわかる資料（メモでも可）
- 生命保険証券の写し……被保険者となっている及び契約者になっているもの
- 借入金の返済表……現在の残高のわかるもの
- 家族構成……名前、続柄、生年月日

3 財産一覧表を作成し推定相続税額を把握

　上記 2 の必要資料に基づき財産一覧表を作成します。そこから推定相続税額も把握します。財産一覧表と推定相続税額をもとに、必要とされる相続税額に対しての支払能力をチェックし、対策の必要性を顧問先に説明します。

　まずは金融資産や生命保険で相続税の納税が可能かどうかの確認を行うこととなります。

　この財産一覧表と推定相続税額は、今後、様々な対策を行うための基礎資料となります（次ページ参照）。

相続対策案の試算表　　　　　　　　　　　　　　　　　　　　　　　　　　　　　　　　　　山田　太郎　様

現状の財産・債務と、相続税額の試算

相続税の試算年：令和16年（10年後）

1．財産

土地等（小規模宅地等適用前）	430,359千円
家屋、構築物	13,249千円
事業用財産	
有価証券	79,412千円
現金、預貯金等	59,263千円
家庭用財産	1,000千円
生命保険金等（非課税控除前）	
退職手当金等（非課税控除前）	
その他の財産	29,595千円
合計 ①	612,880千円

2．相続税の特例適用金額

小規模宅地等の特例 ②	0千円
生命保険金等の非課税 ③	
退職手当金等の非課税 ④	
課税財産（⑤＝①－②－③－④）	612,880千円

3．相続時精算課税適用贈与財産

精算課税贈与財産 ⑥	50,000千円

4．債務等

債務等 ⑦	

5．課税遺産総額の計算

純資産価額（⑧＝⑤＋⑥－⑦）	662,880千円
3年以内の贈与財産 ⑨	
課税価額（⑩＝⑧＋⑨）	662,878千円
基礎控除額 ⑪　▶3,000万円＋600万円×相続人の数（4人）	54,000千円
課税遺産総額（⑫＝⑩－⑪）	608,878千円

6．相続税試算額の計算

相続税の総額 ⑬	180,994千円
2割加算金額 ⑭	
税額控除額 ⑮	89,271千円
相続税試算額（⑯＝⑬＋⑭－⑮）	91,722千円

(注) 令和6年7月20日現在の相続税法等に基づいて試算しています。

相続対策案の試算表　　　　　　　　　　　　　　　　　　　　　　　　　　　　　　　　　　山田　太郎　様

家族構成と相続税の総額の試算

相続税の試算年：令和16年（10年後）　　　　　　　　　　　　　　　　　　　　　課税遺産総額 ▶ 608,878千円

氏名	続柄	生年月日（年齢）	法定相続分	法定相続分に応ずる取得金額	税率	相続税の総額の基となる税額
山田　太郎　様	本人	昭和19年10月10日（90歳）	―		―	―
山田　花子　様	妻	昭和19年12月12日（90歳）	1／2	304,439千円	50%	110,219千円
乙山　宏美　様	長女	昭和44年3月27日（65歳）	1／6	101,479千円	40%	23,591千円
山田　一郎　様	長男	昭和45年4月1日（64歳）	1／6	101,479千円	40%	23,591千円
山田　雅樹　様	二男	昭和50年1月20日（59歳）	1／6	101,479千円	40%	23,591千円
法定相続人の数	4人	―	1	相続税の総額 ▶		180,994千円

相続税の速算表

法定相続分に応ずる取得金額	1,000万円以下	3,000万円以下	5,000万円以下	10,000万円以下	20,000万円以下	30,000万円以下	60,000万円以下	60,000万円超
税率	10%	15%	20%	30%	40%	45%	50%	55%
控除額	―千円	50万円	200万円	700万円	1,700万円	2,700万円	4,200万円	7,200万円

(注) 令和6年7月20日現在の相続税法等に基づいて試算しています。

出典：TPS8200サンプルマニュアル（株式会社TKC）

相続対策案の試算表　　　　　　　　　　　　　　　　　　　　　　　　　　　　山田　太郎　様

現状の財産構成

相続税の試算年：令和16年（10年後）

1. 財産の構成グラフ

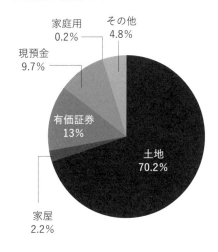

行	種類	令和16年（10年後）
■1	土地等	430,359千円
■2	家屋、構築物	13,249千円
■3	事業用財産	
■4	有価証券	79,412千円
■5	現金、預貯金等	59,263千円
■6	家庭用財産	1,000千円
■7	生命保険金等	
■8	退職手当金等	
9	その他財産	29,595千円
10	**合計**（1～9の計）	612,880千円
11	債務等	
12	**差引計**（10－11）	**612,880千円**

相続対策案の試算表　　　　　　　　　　　　　　　　　　　　　　　　　　　　山田　太郎　様

現状の財産・債務の明細表

相続税の試算年：令和16年（10年後）

行	種類	細目	利用区分・銘柄等	所在場所等	数量 / 固定資産税評価額	単価 / 倍数	価額
1	土地	宅地	自用地	東京都新宿区神楽坂×丁目100番	720.00㎡	282,796円	244,335千円
2	土地	宅地	貸家建付地	東京都新宿区若宮町×丁目50番地	165.00㎡	318,780円 0.832	49,013千円
3	土地	宅地	貸宅地	東京都新宿区白銀町×丁目10番	150.00㎡	350,00円 0.3	17,010千円
4	土地	宅地	遊休地	東京都新宿区〇〇町×丁目□番	500.00㎡	200,000円	120,000千円
5		小計					430,359千円
6		計					430,359千円
7	家屋・構築物	家屋・(木・瓦・2・居宅)	自用家屋	東京都新宿区神楽坂〇丁目△番×号 家屋番号:1-2	220.50㎡ 4,246,000円	1.0	4,033千円
8	家屋・構築物	家屋・(鉄・コ・3・共同住宅)	貸家	東京都新宿区若宮町×丁目50番 家屋番号:2-2	300.00㎡ 12,348,000円	1.0×0.76	8,915千円
9	家屋・構築物	附属設備	塀	東京都新宿区神楽坂〇丁目△番×号			300千円
10		計					13,249千円
11	有価証券	特定同族会社の株式（その他の方式）	株式会社 新宿寝具	東京都新宿区神楽坂〇丁目△番×□号	17,000株	2,844円	58,017千円

出典：TPS8200サンプルマニュアル（株式会社TKC）

第1章 個人編-❸

相続対策の4つの基本項目

担当者：お忙しいところ、先日は財産に関する資料をご用意いただきありがとうございました。

社長：いいえ。去年、知人の〇〇社長が60代で急に亡くなられて、残された奥様とお話していると、「夫は仕事に一生懸命で「相続対策なんてまだまだ大丈夫！」と言って後回しにしていたので、遺産の分け方や相続税の納税で随分、苦労しました」とお聞きしました。私も他人ごとではないので、家族のためにも色々考えておこうと思っていたところです。

担当者：なるほど、そうだったんですね。相続対策は早めに取り組むことで選択肢が広がります。ぜひご一緒に具体的な対策の検討を始めましょう。
まずは、社長のご家族の状況や所有財産から相続税額の試算表を作成しましたのでご覧ください。

社長：あら、やっぱり相続税ってこんなにかかるんですね。私の財産は不動産が多いので、今の預貯金ではとても払えそうにないですね。それに、もし長男に不動産を引き継いだとすると、長女は相続する財産が少ないことに不満を持つかもしれません。

担当者：そうですね。おっしゃるとおり、多くの方の相続対策には、①「争族」の防止、②相続税の納税資金対策、③相続税の軽減対策の3つの課題があると言われています。
これらを解消するためには、家族や財産の状況に応じて、遺言書や生前贈与、資産管理会社、生命保険などによる相続対策を組み合わせて実践していくことが効果的です。

ポイント　家族構成や財産の把握から、相続税額を試算します。その上で、3つの課題をバランスよく解消できるように相続対策を立案していきます。相続対策の立案にあたっては、特に効果の高い4つの基本項目（遺言書、生前贈与、資産管理会社、生命保険）を押さえましょう。

1 相続対策の3つの課題

　相続対策は、相続税の軽減対策だけでなく、広く相続問題、特に相続争いの防止や相続税の納税資金対策などにも十分配慮されたものでなければなりません。財産のたな卸を実行すれば、現状を正しく認識し、問題点を抽出して、その対応策を立案し、計画的に実行に移していくことができます。

　相続対策については税法以外には、民法の基本知識があれば特段の専門知識を必要としません。相談者の願いに耳を傾け、相談者の願いを実現するための対策について、相談者と同じ目線で一緒に悩み・考え、対策を立案します。そして、分かり易く対策の内容を説明し、理解を得て意思決定をしてもらうことです。

　相続対策には、次の3つの課題の解消が挙げられます。

①「争族」の防止	相続争いをどのように防止するのか、その対策が最重要課題です。
② 相続税の納税資金対策	原則としてすべての財産に対して相続税が課されることから、相続財産に占める換金処分の困難な財産の割合が高い場合には、相続破産にもなりかねません。また、相続人の安定した生活にも影響が生じます。そのため、相続税の納税資金対策は必須のものと考えられます。
③ 相続税の軽減対策	少しでも相続税を軽減させたいと願う心情は理解できますが、節税重視型の相続対策は失敗に終わる可能性が高いと思われます。相続税は、死亡した時の相続税法によって課税されることから、現行税制において効果的な対策もその後の相続税法の改正によって効果が大きく減殺されることもあるからです。相続争いの防止や相続税の納税資金対策を実行する中で、副次的効果として相続税の軽減効果が期待できる対策を優先すべきと考えます。

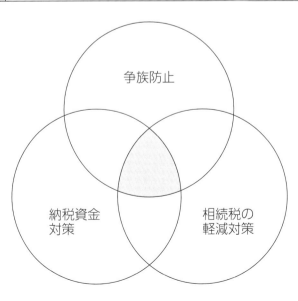

2 3つの課題を4つの基本対策で解消

　そこで、この3つの課題の重なり合う部分を解消するために、幾多の相続対策が考えられますが、その中から厳選して4つの相続対策の基本項目があります。

　相続争いの防止には、「遺言書」、相続税の納税資金対策には、「生命保険の活用」、相続税の軽減対策では、「生前贈与」や「資産管理会社の活用」が最も効果を挙げることが期待されます。また、それらの対策は、1つの課題の解消だけではなく、3つの相続対策の課題の解消に役立ちます。

	① 争族防止	② 納税資金対策	③ 相続税の軽減対策
1、遺言書	○	△	○
2、生前贈与	△	○	◎
3、資産管理会社	△	○	◎
4、生命保険	△	◎	○

◎・・・大いに役立つ
○・・・役立つ
△・・・効果が期待できる

　以上の4つの相続対策の基本項目を確実に実行すれば、相続対策の3つの課題の重なり合う部分の解消に役立つことが多いに期待できます。

第1章 個人編-❹

資産管理会社の活用

担当者:今回から確定申告をさせていただいていますが、以前担当されていた先生から税金対策の提案を受けたことはありますか？

社長:税金が高いことについて相談はしたことはあるが、具体的な対策の提案を受けた覚えはないね。

担当者:社長の場合、会社からの役員報酬に加えて不動産所得（個人名義の不動産を会社に賃貸している）があるので所得税等の税率が高くなっています。税金対策上では、この状態を継続するのはあまり得策ではないと思います。

社長:では、何かよい方法はあるのかね？

担当者:個人名義の不動産のうち建物だけを資産管理会社に移行し、その会社から社長以外のご家族のどなたかが役員報酬を受け取られてはいかがかと思います。そうすることにより現状の所得税等が軽減できると思います。
次回はおおまかにシミュレーションした資料を持参し説明させていただきます。

社長:そうかね。それではお願いしてみようか、よろしく。

ポイント
法人から社長個人に賃料を支払っている場合、資産管理会社を活用することにより所得税等を軽減できる場合がありますので確認してみましょう。

1 法人税の実効税率と所得税率の比較

　課税所得金額が4,000万円を超える高額所得者の場合、所得税率は最高55％（住民税を含む）に対して法人の実効税率は約30％であり、資産管理会社の活用による所得税と法人税の税率格差で税負担の軽減を図ることができます。

2 資産管理会社設立のメリットとデメリット

メリット

①	役員報酬が必要経費となる。
②	役員報酬を税率の低い親族に支給することで税負担の軽減を図ることができる。
③	通信費、車両維持費、役員の生命保険金などで認められるものは必要経費として計上できる。

デメリット

①	法人の設立費用がかかる。
②	法人税等の申告が必要となる。
③	法人としての事務経費等（社会保険料を含む）が生じる。

3 資産管理会社の方式

資産管理会社には次の3つの方式があります（138ページ参照）。形態の違いにより所得分散効果は異なりますので、より効果の高い方式を提案しましょう。

① 管理委託方式
② 転貸方式
③ 不動産所有方式

各方式についてのシミュレーションを作成し、顧問先に説明し検討をいただき、納得が得られれば、会社の設立に移行することとなります。

第1章 個人編-❺

賃貸物件・不動産投資の提案

このあいだの新聞で相続対策セミナーの広告があったので、事業もそろそろ軌道にのってきたし、一度参加してみようと思うのだがどうだろうか？

社長

担当者

社長は勉強熱心ですね。この広告の案内の下の方には○○○不動産の主催となっていますので、この会社に興味があるのであれば参加されてはいかがかと思いますが、当方の事務所でも提携する不動産会社がいくつかありますのでご紹介できますよ。

そうかい、では、ぜひお願いしたい。

社長

担当者

当方で確定申告をさせていただいていますので一度、広告などでご興味がありそうな不動産を購入した場合のシミュレーションをさせていただきますよ。

もしよかったらこの広告の物件を購入した場合、税金がどうなるかを知りたいのでお願いできるかい。

社長

○○○不動産が提案する
相続対策セミナー開催！

完全予約制 《開催日》✕月✕✕日(土)
[協賛]○○○○○銀行

相続対策は今から始めましょう！～土地の有効活用と税金対策～

[開催会場]○○○○○ビル
[開催時間]XX:XX～
[定員制]限定30名様○○○○○○○○○

第1部 相続対策・生前贈与の上手な活用法
第2部 税理士が語る！増税時代に備える相続対策
第3部 狭小敷地を賢く生かす賃貸住宅経営

同時開催(xx:xx～)
個別相談会

無料 土地活用に役立つ資料を差し上げます。

参加のご予約・資料請求はこちら
フリーコール 0120-✕✕✕-✕✕✕

主催：○○○不動産株式会社

> **ポイント** 経営者で不動産投資に興味がある方は新聞、ネット、DMでの相続対策セミナーの案内などで情報収集しておられます。経営者の方との会話の中で会計事務所からも提携する不動産会社を紹介できることを事前に説明しておくことにより、賃貸物件を提案できる場合があります。

1 巡回監査の際に不動産に興味があるかのヒアリング

巡回監査の際に不動産の資料提供(提携する不動産会社)を行い、不動産に興味があるかどうかのヒアリングを行います。経営者本人だけでなく家族や知人の中に興味がある人がいないかどうかもできればお聞きしておくのがよいでしょう。

2 プランニング(提案書)の提供

提携する不動産会社におおまかなプランニングを作成してもらい経営者にお渡ししておきます(次ページ参照)。そのプランニングをもとに不動産を購入した場合の税金等のシミュレーションを行い、経営者に説明します。

3 実際に検討し購入に至った場合

実際にお客様が検討段階に入った際には詳細なプランニングを行うこととなり、不動産会社各社を比較したうえで契約に至ることがあります。

経営者が検討段階に入った際に、上記 2 の資料をもとに詳細なプランニングを行うので先行して情報提供を行うことができます。

また、実際に購入された後は確定申告などについての説明を行い、申告業務がスムーズに進むように準備をしておきましょう。

不動産会社からの
プランニング(提案書)の
イメージ

③ 賃貸計画

	事業内容					試算条件				
タイプ	用途	専有面積	戸数	賃料	共益費	管理形態		想定入居率		募集賃料変動
								11年目~	21年目~	11年目~	21年目~
1LDK	貸室	50.49m²	1戸	88,000円	5,000円	管理契約	5.00%	99%	98%	95%	90%
1LDKB	貸室	48.39m²	3戸	86,000円	5,000円	管理契約	5.00%	99%	98%	95%	90%
2LDKC	貸室	60.37m²	3戸	106,000円	5,000円	管理契約	5.00%	99%	98%	95%	90%
2LDKD	貸室	61.98m²	3戸	107,000円	5,000円	管理契約	5.00%	99%	98%	95%	90%
2LDKE	貸室	61.98m²	2戸	104,000円	5,000円	管理契約	5.00%	99%	98%	95%	90%
駐車場	駐車場	―	3台	14,300円	―	管理契約	5.00%	100%	100%	―	―

④ 融資償還(返済計画)

1. 借入概要

■借入先①:概要

金融機関	提携ローン
借入金額	195,000,000円
返済方法	元利均等
返済期間	360か月
返済金利 (1)	01-10年目 0.70%
返済金利 (2)	11-20年目 1.00%
返済金利 (3)	21-30年目 1.20%
毎月返済額	600,688円
年間返済額	7,208,259円

2. 年間返済明細 借入先①(各年度末時点)

3. 工事中金利返済

借入時	借入額	借入期間	金利	経費計上方法	金利分担金
着工時	50,000,000円	6か月	1.00%	創業経費	250,000円

4. 創業経費内訳
・その他経費…220万円 (消費税込)
・登記費用①…50万円 ・登記費用②…78万円
・期中金利…25万円 ・分筆費用…60万円
・融資費用…20万円 ・印紙代…6万円

① 事業計画

1. 建築地概要

建築予定地	○○市○○町
法規状況	
都市計画区域	市街化区域
用途地域	第一種住居
建ぺい率	60%
容積率	200%
農地転用	不要
宅造規制区域	外
区画整理区域	外
開発行為	不要
敷地状況	
敷地現況	宅地(更地)
所有状況	自己所有地
既存家屋	無し
敷地面積	503.65m² (152.4坪)
地区	普通住宅地区
借地権割合	50%
借家権割合	30%
路線価	125千円/m²

2. 建築計画概要

設計・施工		賃貸管理	㈱○○
建物A(重量鉄骨造)			
商品名	○○○		
用途	貸家		
階数	3階		
棟数	1棟		
計画戸数	12戸		
延床面積	686.42m² (207.6坪)		
建築面積	270.63m² (81.9坪)		
施工床面積	804.10m² (243.2坪)		

② 予算計画

1. 事業予算

工事関係費
・ 本体	162,200,000円
・ 屋外給排水	2,800,000円
・ 基礎補強(概算)	3,000,000円
・ 外構	10,000,000円
・ 側溝整備	2,000,000円
税抜	180,000,000円
消費税等 10%	18,000,000円
小計…① 税込	198,000,000円

諸費用
・ 印紙代	預り金	60,000円
・ 火災・地震保険料	預り金	860,000円
・ 表示・保存登記費用	預り金	500,000円
・ 融資費用	預り金	200,000円
・ 抵当権設定登記費用	預り金	780,000円
・ 工事中金利	預り金	250,000円
・ 水道分担金	預り金	1,500,000円
・ 建築申請費	預り金	500,000円
・ 分筆費用	預り金	600,000円
弊社預り金		5,250,000円
小計…②		5,250,000円
事業予算合計…①+②		203,250,000円

2. 資金調達

自己資金
・ 預貯金	8,250,000円
小計…③	8,250,000円

借入金
・ 提携ローン	195,000,000円
小計…④	195,000,000円
資金合計…③+④	203,250,000円

3. 支払計画

契約時	(2022/08/29)
・ 契約金	3,000,000円
・ 印紙代	60,000円
着工時	(2023/02/24)
・ 着工時金	55,000,000円
・ 諸費用(申請費)	2,000,000円
上棟時	(2023/05/31)
・ 上棟時金	55,000,000円
竣工時	(2023/07/31)
・ 銀行融資	55,000,000円
・ 外構費	13,200,000円
・ 消費税	16,800,000円
・ 諸費用残金	3,190,000円
弊社へのお支払い合計	203,250,000円

第1章 個人編-❻

老朽化した賃貸物件に対する提案

担当者:　確定申告をさせていただいて気になったのですが、不動産所得のある賃貸物件が、建築後かなり経過しているようです、今後何か考えはおありですか？

社長:　父から相続した物件で、建築後40年程かなと思うのですが今後、大規模修繕などが必要と見込まれ、どうしようかと思っています。駅からは比較的近くて立地はよいと思われるのですが。

担当者:　立地がよく今後も継続して所有していきたいと思われるのであれば、どこかのタイミングで建て替えるのもよい方法かもしれませんね。

社長:　建て替えるとなると結構な費用がかかってくるので、どうしたものかと思っています。

担当者:　現在の社長の所有財産と推定相続税額を把握したうえで、建て替えることにメリットがあるか検討するのがよいと思いますがいかがでしょうか？
もしよろしければ、つきあいのある不動産会社におおまかな建築費用を見積もらせていただきます。
次回以降におおまかにシミュレーションしたものを持参し説明させていただきます。

社長:　では、よろしくお願いします。

ポイント
確定申告で不動産所得のある賃貸物件について築年数がかなり経過している場合、今後の方向性を提案・検討することにより、建替えや売却の紹介につながるケースがあります。

1 継続所有を望む物件か望まない物件かのヒアリングを行う

　顧問先が所有している賃貸物件にも色々なケースがあります。それぞれの不動産について次のようなヒアリングを行います。

①	立地がよく、継続所有を望む不動産
②	立地が悪く、継続所有を望まない不動産
③	収益性が悪く、継続所有を望まない不動産

2 建て替えることによるメリットとデメリットを検討

　継続所有を望む不動産（土地）に老朽化した建物がある場合、いずれは建替えを検討することになります。その場合、相続が発生する前に建て替えることにより、建築費用と相続税評価額の差額相当額の相続財産が圧縮され相続税が軽減されるメリットがあります。相続後に建て替える場合は相続税を納付した後に、子が自己資金で建替えを行うこととなってしまいます。老朽化した建物に問題が生じている場合は早めに建替えを検討しましょう。

3 継続所有を望まない物件の検討事項

　継続所有を望まない不動産の場合は、次のような対策を検討します。

①	不動産の買換えにより立地のよい地域に買い換える
②	納税資金が不足している場合は生前に売却し現金化しておく
③	相続発生後に第三者に売却し取得費加算を適用する又は、物納する

　また、上記②・③の場合、地積の測量や境界の確定などの不動産の整備費用を生前に支出することにより相続財産の圧縮を図ることができます。

第1章 個人編-❼

自宅敷地の活用
～小規模宅地等の特例など～

担当者: 以前、社長のご自宅に資料を預かりに伺ったことを思い出したのですが、ご自宅は大きなお庭のあるかなり広い敷地ですね。

社長: 先祖から引き継いできたもので、将来は次の代が承継してくれるとよいと思っているのですが、父からの相続の際には結構な相続税がかかってしまったのでどうしたものかと思っているのです。

担当者: この辺りの路線価はお父様の相続の時よりかなり高くなっていると思いますので、相続税はお父様の相続の時より高くなると思われます。

社長: 今後のことを考えて早いうちに何か手を打っておくべきかもしれませんね。

担当者: 敷地全体を把握した上で、どのような対策が考えられるのかを検討してみてはいかがかと思います。つきあいのある不動産会社に一度、敷地を見てもらいおおまかなプランを出してもらいましょうか？

社長: そうですね、よろしくお願いします。

ポイント　経営者の自宅の土地の未利用部分については、小規模宅地等の特例の活用などを検討することにより有効活用のプランやその他の対策を提案できるケースがあります。

1　経営者の自宅の現状を分析

　自宅の敷地面積が広すぎて相続税評価額が高額であるという経営者などは、相続税の負担が重く納税資金に困る場合があります。

　経営者の自宅が広い場合には、相続税負担の確認や誰がその自宅を相続するかなどの方向性の確認を行います。相続税の納税資金が不足する場合は、自宅敷地の未利用部分（庭など）についての有効活用や売却の検討を行います。

2　未利用部分（庭など）の有効活用を検討

　自宅が賃貸物件の入居者が見込める立地であれば、未利用部分に賃貸住宅を建築することにより、相続財産の圧縮効果が期待できます。また、家賃収入という新たな安定収入を確保することもできます。

　提携する不動産会社に建築プランや見積もりを依頼し、建築による相続税の軽減額などのシミュレーションを行い、提案してみましょう。

3　小規模宅地等の特例の活用

　自宅部分を誰が相続するかを確認し、小規模宅地等の特例（特定居住用宅地等）の適用を受けることができるかの検討を行います。なお、自宅部分について特例の適用を受けることができない場合でも、上記 2 の賃貸住宅を建てた場合は、その敷地部分について貸付事業用宅地等の特例の適用を受けることができるかを検討しましょう。

　例えば、全体の敷地が660㎡（約200坪）で自宅部分が330㎡、庭の部分が330㎡の場合、自宅部分について特例の適用を受けることができない場合であっても、賃貸住宅で有効活用を図る場合は、その敷地のうち200㎡までは50％減の貸付事業用宅地等の特例の適用を受けることが検討できます。

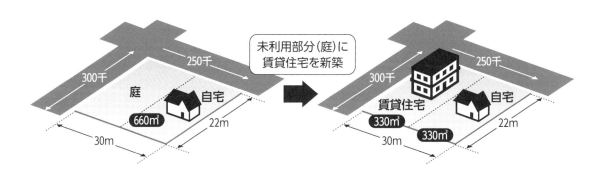

〔参考〕 小規模宅地等の特例の概要

　個人が、相続や遺贈によって取得した財産のうち、その相続開始の直前において被相続人又は被相続人と生計を一にしていた被相続人の親族（「被相続人等」といいます。）の事業の用又は居住の用に供されていた宅地等（土地又は土地の上に存する権利をいいます。以下同じです。）のうち一定のものがある場合には、その宅地等のうち一定の面積までの部分（「小規模宅地等」といいます。）については、相続税の課税価格に算入すべき価額の計算上、下記の表に掲げる区分ごとにそれぞれに掲げる割合を減額します。

相続開始の直前における宅地等の利用区分			要件		限度面積	減額される割合
被相続人等の事業の用に供されていた宅地等	貸付事業以外の事業用の宅地等		①	特定事業用宅地等に該当する宅地等	400㎡	80%
	貸付事業用の宅地等	一定の法人に貸し付けられ、その法人の事業（貸付事業を除きます。）用の宅地等	②	特定同族会社事業用宅地等に該当する宅地等	400㎡	80%
			③	貸付事業用宅地等に該当する宅地等	200㎡	50%
		一定の法人に貸し付けられ、その法人の貸付事業用の宅地等	④	貸付事業用宅地等に該当する宅地等	200㎡	50%
		被相続人等の貸付事業用の宅地等	⑤	貸付事業用宅地等に該当する宅地等	200㎡	50%
被相続人等の居住の用に供されていた宅地等			⑥	特定居住用宅地等に該当する宅地等	330㎡	80%

　特例の適用を選択する宅地等が以下のいずれに該当するかに応じて、限度面積を判定します。

特例の適用を選択する宅地等	限度面積
特定事業用等宅地等（①又は②）及び特定居住用宅地等（⑥） （貸付事業用宅地等がない場合）	（①+②）≦400㎡ ⑥≦330㎡ 両方を選択する場合は、合計730㎡
貸付事業用宅地等（③、④又は⑤）及びそれ以外の宅地等（①、②又は⑥） （貸付事業用宅地等がある場合）	（①+②）×200/400+⑥×200/330+（③+④+⑤） ≦200㎡

※　相続時精算課税に係る贈与によって取得した宅地等については、この特例の適用を受けることはできません。
※　「宅地等のうち一定のもの」とは、建物又は構築物の敷地の用に供されている宅地等（農地及び採草放牧地を除きます。）をいい、棚卸資産及びこれに準ずる資産を除きます。
※　特例を適用する宅地等が配偶者居住権の目的となっている建物の敷地の用に供される宅地等又はその宅地等を配偶者居住権に基づき使用する権利の全部又は一部である場合には、その宅地等の面積に、それぞれその敷地の用に供される宅地等の価額又はその権利の価額がこれらの価額の合計額のうちに占める割合を乗じて得た面積を、特例を適用する宅地等の面積とみなして、上記の算式を計算します。

第1章 個人編-❽

実家の相続
～空き家、相続土地国庫帰属制度～

担当者:以前お聞きしたと思うのですが、社長のご出身は〇〇県でしたよね。ご両親はご健在なのですか？

社長:父が10年程前に亡くなって、母が現在実家に1人で住んでいるのですが、近くに住んでいる妹夫婦が面倒をみてくれているのでありがたいよ。

担当者:そうなんですね。とはいえ、お母様にもしものことがあったら心配ですね。

社長:妹夫婦には自宅があるので、もし母が亡くなると実家は空き家になるのかな。

担当者:近年は相続した空き家が管理できずに問題となるケースもあって、空き家の売却にかかる税金を軽減する特例が設けられています。お母様の実家の土地建物について相続後はどのようにするのかを一度、兄弟で話し合っておくのが良いかもしれませんね。

社長:そうだね。そういえば、母は父から田舎の山林も相続しているみたいなんだ。

担当者:最近は相続した不要な土地を手渡して国庫に帰属させる制度も創設されています。各制度にはいくつかの条件はありますが、資料をご用意いただければお調べしますので、いつでもお申し付けください。

ポイント
経営者の両親の状況や実家の不動産を把握することにより、相続対策として、空き家特例や相続土地国庫帰属制度の適用を提案できる場合があります。

1 2次相続後の自宅については売却を検討されるケースが多い

実家の不動産の相続においては1次相続では配偶者が相続し居住を継続する場合が多いため、売却についての検討は必要ないケースが多いのですが、配偶者が亡くなる2次相続では

子が相続し居住しない場合には、売却を検討するケースが比較的多く見られます。そのため経営者の実家の相続についてのヒアリングをすることにより、誰が相続するかの確認や相続後どのようにするかの検討を行うことができます。

2 売却の際は空き家特例の適用を検討

売却が可能な不動産の場合、相続後に売却し資金化することとなります。この場合、一定の要件を満たせば、空き家特例の適用を受けて、売却にかかる税金を軽減することができます。

(空き家特例の適用要件について)

相続開始の直前において被相続人の居住の用に供されていた一定の要件を満たす家屋及び土地等を相続した相続人が、一定の耐震基準に適合する改修を行ったのちに譲渡した場合、又は取壊し後に更地の状態で譲渡した場合には、居住用財産の譲渡に該当するものとみなして、居住用財産の3,000万円特別控除の適用を受けることができます。

なお、令和6年1月1日以降の譲渡については、譲渡後一定期間内に買主が一定の耐震基準を満たす改修を行った場合や取壊しを行った場合でも、この特例の適用を受けることができます。

3 相続土地国庫帰属制度とは

使い道のない不要な土地を相続した場合は、適用要件の充足がやや難しいかもしれませんが、令和5年4月27日から開始された相続土地国庫帰属制度を検討してみても良いかもしれません。

(相続土地国庫帰属制度について)

相続土地国庫帰属制度は、相続又は遺贈によって、土地や山林、農地などの土地を取得した人が、一定の負担金を納付することを条件に土地の所有権を国に帰属させることができる制度です。

① 法務局が要件を満たすかを審査

相続した不要な土地を国に引き渡せるといっても、どんな土地でも国庫帰属を認めてくれるわけではありません。所有者の申請に基づき、法務局による一定の審査を経て、要件を満たしていると判断された土地は国庫に帰属することになります。

② 申請のできる人

対象となる土地を相続又は遺贈により取得した相続人が申請できます。したがって、土地又は土地の共有持分の遺贈を受けた人でも、相続人でなければ相続土地国庫帰属の申請はできません。

③ 申請できない土地

　建物がある土地、担保権や使用収益権が設定されている土地、他人の利用が予定されている土地、境界が明らかでない土地や所有権について争いがある土地などは申請できないとされています。

④ 申請しても不承認となる土地

　管理が大変な崖がある土地、管理や処分を阻害する有体物がある土地、有体物が地下にある土地、他の土地への通行が妨げられている土地、所有権に基づく使用や収益が妨害されている土地などは申請しても不承認となる土地とされています。

⑤ 帰属承認後に負担金を納付

　要件審査を経て承認を受けた方は、土地の性質に応じた標準的な管理費用を考慮して算出された、10年分の土地管理費相当額の負担金を支払う必要があります。

■土地の区分に応じた負担金

右記以外の土地	一部の市街地（注1）の**宅地**	一部の市街地（注1）、農用地区域等の**田、畑**	**森林**
面積にかかわらず、<u>20万円</u>	面積に応じ算定（注2） （例）100㎡：約55万円 　　　200㎡：約80万円	面積に応じ算定（注2） （例）500㎡：約72万円 　　　1,000㎡：約110万円	面積に応じ算定（注2） （例）1,500㎡：約27万円 　　　3,000㎡：約30万円

注1：都市計画法の市街化区域又は用途地域が指定されている地域
注2：面積の単純比例ではなく、面積が大きくなるにつれて1㎡当たりの負担金額は低くなる

第1章 個人編-❾

生命保険の活用

担当者:財産把握の資料をお渡しさせていただきました際に推定相続税額を説明させていただきました。社長の場合、会社の株式の評価が高いため金融資産だけでは相続税が払いきれません(金融資産<推定相続税額)。

社長:毎年の法人決算と個人の確定申告だけでなく、そこまで心配しないといけないのかい、大変だな。

担当者:社長に万が一のことがあった場合に備えて、相続税の納税資金をどう捻出するかということと相続税の軽減を考える必要があるかと思います。

社長:なるほど。なにか良い対策はあるのかな?

担当者:社長はまだ60代と若いので時間をかけて考えていけばよいとは思うのですが、まさかのときの納税資金としては法人と個人での生命保険加入で不足分を補うことを考えてみましょう。法人の保険は把握させていただいていますが、個人でどのような保険に加入しているか確認させてください。

社長:わかったよ。また、個人の保険資料を準備しておくのでよろしく頼むよ。

ポイント 経営者の財産を把握し推定相続税額が算出された後、納税資金を検討する必要があります。もし納税資金が不足する場合には、生命保険加入などで不足額をカバーする方法を検討する必要があります。

1 相続財産と推定相続税額の把握を行う

経営者やその家族の確定申告の依頼を受ける中で家族関係や財産の把握を行い、推定相続税額を試算するとともに納税資金の確認を行います。

2 納税資金がカバーできているケース（金融資産＞推定相続税額）

もし一時払い終身保険に加入されていない場合には加入の提案を行います。保険金は納税資金として活用できる一方で、生命保険金の非課税枠の金額を相続財産から切り離すことができます。

> 生命保険金の非課税枠 ＝ 500万円 × 法定相続人の数

預金を金融機関に預けたままでは100％相続財産として課税されるわけですから非課税枠は有効に活用しましょう。一時払い終身保険は相続対策として最適な商品だといえます。

3 納税資金がカバーできていないケース（金融資産＜推定相続税額）

長期的には貯蓄などにより金融資産形成を行い、納税資金を確保していく必要があることを説明します。

生命保険の加入に関しては、本来の目的である万が一の場合に備えて、法人や個人で定期保険に加入することにより、相続税の納税資金の不足額をカバーできるようにしましょう。

また、提携する保険会社にプランニング（提案書）を作成してもらいましょう（次ページ参照）。

契約者　　　　　　　様

被保険者　　　　　　様

設　計　書
契　約　概　要

保険会社からの
プランニング
(提案書)の
イメージ

無配当一時払逓増終身保険
「○○○○○○○」

○○生命保険株式会社

契約者　　　　　　　様

被保険者　　　　　　様

1 ｜ 商品の概要

●しくみ図(イメージ)

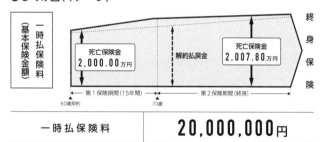

一時払保険料（基本保険金額）

死亡保険金
2,000.00万円

解約払戻金

死亡保険金
2,007.80万円

終身保険

第1保険期間(15年間)　　第2保険期間(終身)
60歳契約　　　　　70歳

一時払保険料	20,000,000円

商品の特徴

コラム

生命保険で相続財産を守る

　相続対策には幾多の方法がありますが、相続税の納税資金の確保を最優先とし、その他の対策はリスクとコストの小さなものに限定すれば無理なく相続対策を実行することができます。なぜなら、相続税が課される大半の人の課税価格が2億円以下であるからです。その場合に生命保険金だけで相続税のすべてを賄うための保険金額は以下のようになります。

設例

1. 被相続人　父（令和6年4月死亡）
2. 相続人　母・子
3. 相続財産　2億円（下記の生命保険金を除く）
4. 生命保険金（父が被保険者で保険料負担者）1,788万円（受取人：子）
5. 遺産分割　各相続人の課税価格が法定相続分どおりとなるように財産を分割する。
　　　　　　なお、母固有の財産はないものと仮定する。
6. 相続税の計算

（単位：万円）

	母と子の場合		【参考】母と子2人の場合	
	母	子	母	子2人
相続財産	10,394	9,606	10,000	10,000
生命保険金	−	1,788	−	1,350
非課税金額	−	△1,000	−	△1,500
課税価格（注）	10,394	10,394	10,000	10,000
相続税の総額	3,576		2,700	
各人の算出税額	1,788	1,788	1,350	1,350
配偶者の税額軽減	△1,788	−	△1,350	−
納付税額	0	1,788	0	1,350

（注）2億円＋（1,788万円−1,000万円）＝20,788万円
　　母：20,788万円÷1/2＝10,394万円
　　子：20,788万円÷1/2＝10,394万円

以上の設例の場合、母と子の相続では、生命保険金1,788万円を子が受け取ると、その保険金で相続税を全額賄うことができます。

　しかし、母の相続についての対策は講じられていないので、同様に母の生命保険金で母の相続の際の相続税を全額賄うためには、1,698万円（※）の保険金（子が2人の場合には、770万円）を確保しておけばよいことになります。

（※）
① 課税価格　（10,394万円＋1,698万円－500万円）＝11,592万円
② 相続税の総額　{11,592万円－（3,000万円＋600万円）}×30％－700万円＝1,698万円

　相続税の納税資金をすべて生命保険金だけで賄うことは理論的に可能ですが、相続対策を真剣に考え始めるのは70歳以上になってからの人が多いと思います。その場合、2,000万円を超える生命保険金を確保するためには、毎月又は毎年の保険料の額が高額になってしまうことから、相続税の課税価格が2億円以下の場合に限られることになると思われます。

　しかし、令和4年の国税庁の統計資料によれば、相続税の全申告件数（申告状況）のうち課税価格2億円以下の被相続人の割合は、（127,561人＋41,314人）÷189,138人≒89.3％であることから、相続税の全額を賄うための生命保険金を確保するための保険料負担に耐えられる可能性が高く、生命保険の活用だけで大半の人の相続対策は完結させることができます。

【相続税の納税資金をすべて確保するための生命保険金額】　　　　　（単位：万円）

生命保険を除く相続財産	配偶者がいる場合				配偶者がいない場合			
	その他の相続人				その他の相続人			
	子1人	子2人	子3人	子4人	子1人	子2人	子3人	子4人
10,000	385	315	262	224	1,528	770	629	490
15,000	920	747	664	587	4,433	2,200	1,440	1,240
20,000	1,788	1,350	1,217	1,124	8,100	4,342	2,871	2,150
25,000	2,824	2,087	1,799	1,687	12,500	7,533	5,014	3,542
30,000	4,074	3,148	2,634	2,350	17,500	10,866	7,300	5,685
35,000	5,324	4,209	3,551	3,205	22,500	14,563	10,632	7,828
40,000	6,619	5,269	4,611	4,088	27,877	18,654	13,966	10,400
45,000	8,070	6,569	5,722	5,038	33,988	23,000	17,299	13,732
50,000	9,522	7,918	6,876	6,192	40,100	28,000	21,027	17,066
60,000	12,666	10,686	9,270	8,500	52,322	38,000	29,208	23,732

（注）配偶者が2分の1の財産を相続するものとして計算しています。

第1章 個人編-⑩

生前贈与の基本〜暦年課税〜

担当者

財産把握の資料をお渡しさせていただきました際に、推定相続税額を説明させていただきました。社長の場合、相続税は何とか金融資産で支払うことができるのでご安心ください（金融資産＞推定相続税額）。

そうですか。心配だったので、ほっとしました。

社長

担当者

次にお子様への贈与や相続税の軽減を考える必要があるかと思います。

毎年110万円までは贈与税がかからないということは聞いたことがありますが、その他の方法はまだよくわからないので教えてください。

社長

担当者

税務上の贈与には暦年課税贈与と相続時精算課税贈与の2つの制度があり、どちらの方法がよいか検討してみる必要があります。また、最近これらの制度が大きく改正されましたので、それも踏まえて提案させていただきます。

よろしくお願いします。

社長

> **ポイント**
> 経営者の財産を把握し推定相続税額が算出された後、相続対策として暦年課税贈与と相続時精算課税贈与を検討してみる必要があります。

1 贈与とは

　贈与とは、自分の財産を無償で相手方に贈るという意思表示をし、相手方がこれを承諾することによって成立する民法上の契約をいいます。暦年課税贈与の場合、贈与税は贈与を受けた財産価額の年間合計額が基礎控除額（110万円）を超える場合に、その超える金額についてその贈与を受けた人に課税されます。なお、住宅取得等資金の贈与についての非課税特例や配偶者控除の適用を受けた場合は、基礎控除額（110万円）に加えて一定の金額まで贈与税が非課税となります。

相続では財産を取得することができる相続人やその相続分の目安が民法で定められています。しかし、生前贈与であれば、相続人以外の人に財産を贈与したり誰に何をいつどれだけ贈与するかをあらかじめ決められるので、自分の希望に沿った財産の移転が可能です。また、贈与の場合は、正式な遺言書を書くよりも手軽に早く自分が意図する財産承継を実現することが可能です。

2 暦年課税贈与の活用法

暦年課税贈与の場合、贈与税は相続税と同様に課税価格が高くなるほど税率が高くなる累進税率を採用しています。贈与税の累進税率は相続税に比べて課税価格が低い額で高い累進税率となっています。ただし、暦年課税贈与は1年単位で課税されるため毎年こつこつと行う資産移転に適しています。つまり、低い税率を上手く活用することにより、継続して複数の者に対して贈与することでより効果が期待できます。

●贈与税の速算表

一般贈与財産			特例贈与財産		
基礎控除及び配偶者控除後の課税価格	税率（％）	控除額（万円）	基礎控除及び配偶者控除後の課税価格	税率（％）	控除額（万円）
200万円以下	10	—	200万円以下	10	—
300万円以下	15	10	400万円以下	15	10
400万円以下	20	25	600万円以下	20	30
600万円以下	30	65	1,000万円以下	30	90
1,000万円以下	40	125	1,500万円以下	40	190
1,500万円以下	45	175	3,000万円以下	45	265
3,000万円以下	50	250	4,500万円以下	50	415
3,000万円超	55	400	4,500万円超	55	640

※ 直系尊属（父母や祖父母など）からの贈与により財産を取得した受贈者（財産の贈与を受けた年の1月1日において18歳以上の者に限ります。）については、「特例税率」を適用して税額を計算します。この特例税率の適用がある財産のことを「特例贈与財産」といい、また、特例税率の適用がない財産（「一般税率」を適用する財産）のことを「一般贈与財産」といいます。

3 相続税の課税対象となることも

暦年課税贈与の場合、相続人又は受贈者が相続開始前7年以内※1に被相続人から生前贈与された財産※2の価格は相続税の課税価格に加算されます（一定の住宅取得等資金や配偶者控除の適用を受けた贈与を除きます。）。ただし、この加算期間の贈与で支払った贈与税がある場合には、その税額は相続税から差し引かれます。

※1　令和6年1月1日以後の贈与の場合（令和5年12月31日までの贈与は相続開始前3年以内とされています。）。

※2　その財産のうち相続開始前3年以内に贈与により取得した財産以外の財産については、その財産の価額の合計額から100万円を控除した残額

なお、暦年課税贈与における相続開始前の加算対象期間については、令和5年度税制改正により、従前の3年以内から7年以内に延長されましたが、現在は次のような経過措置が講じられていますのでご留意ください。

贈与の時期		加算対象期間
～令和5年12月31日		相続開始前3年間
令和6年1月1日～	贈与者の相続開始日	
	令和6年1月1日～令和8年12月31日	相続開始前3年間
	令和9年1月1日～令和12年12月31日	令和6年1月1日～相続開始日
	令和13年1月1日～	相続開始前7年間

4　生前贈与の注意点

①	贈与は契約行為なので双方の合意があって成立します。贈与者が名義を変えただけで贈与をしたつもりになっていたり、受贈者だけがもくろんで自分の名義に変えたりしても贈与とは認められないので注意が必要です。
②	超高齢化が進み、認知症となる人も年々増えてきています。認知症が進むと本人の意思能力の証明が難しいため、贈与契約を行うことができない場合がありますので注意が必要です。

コラム

暦年課税贈与による生前贈与加算

❶ 贈与税の課税対象とされる贈与とは

　贈与税の課税対象とされる贈与には、①民法上の贈与（非課税とされるものを除きます。）と、②相続税法上の独自の観点から設けられたみなし贈与（例えば生命保険金の贈与等）の2種類があります。

　民法上の贈与については、贈与者による贈与の意思表示と受贈者による受贈の意思表示をもって成立する契約（諾成契約）行為であることが特徴であり、贈与者による一方的な意思表示のみでは民法上の贈与は成立しないことになります。

❷ 暦年課税贈与

　相続税は次の世代などへの財産の移転に伴う税金であることから、配偶者への贈与は相続税の軽減効果はほとんど期待されません。子や孫への暦年課税贈与は、贈与者の相続税の軽減効果が期待できるだけでなく、贈与者の配偶者の相続税まで軽減されることも理解して毎年暦年課税贈与を実行することが大切です。

　暦年課税による生前贈与の相続対策では、贈与税と相続税の合計額で財産の承継コストを考えるようにすることが、実行していく上でのポイントです。

　また、効率良く生前贈与を行う場合のポイントは以下のとおりです。

① 　高収益な資産を贈与すれば、果実の部分も受贈者へ移転する。
② 　将来値上がりが見込まれる資産を贈与すれば、値上がり部分は受贈者に帰属する。
③ 　相続税評価額を引き下げてから贈与する。
④ 　世代飛ばしの贈与を行う（贈与税には、相続税のように2割加算の制度はない。）。
⑤ 　贈与税以外の移転コストも含めて有利不利を判定する。
⑥ 　非課税贈与（例えば、住宅取得等資金の贈与、教育資金の一括贈与など）を行う。
⑦ 　贈与者に配偶者がいる場合には、贈与者の相続税の軽減効果のみならず、配偶者の相続税の軽減効果も検証しておく。
⑧ 　贈与税の負担割合≦相続税の限界税率 による贈与を実行する。

❸ 孫などへの贈与

① 一代飛ばし効果

　孫が財産を取得すると相続税を1回免れることになり、長期的な視点に立てば相続対策の効果は大きなものとなります。しかし、贈与を受けた孫の金銭感覚が狂わないよう現金の贈与は避けることが賢明です。

　そのため、以下のような工夫が求められます。

イ．祖父母（贈与者）が、家族が主宰する同族会社へ金銭を貸し付けて、その貸付金（債権）を孫へ贈与する（贈与税は貸付金の弁済資金を充当する）

ロ．家族が主宰する同族会社の株式等と贈与税相当額の現金を孫へ贈与する

ハ．孫を保険契約者（保険料負担者）、祖父母又は父母を被保険者とする保険契約の保険料相当額と贈与税の合計額の金銭を贈与する

② 2割加算なし

　相続人ではない孫などへ世代飛ばしによって相続させると、相続税は2割加算されますが、贈与税には2割加算制度はありません。相続対策では、孫などへ世代飛ばし贈与を行うことで、相続税及び贈与税の合計税額で税負担を軽減させることが期待されます。

③ 生前贈与加算の対象者にならない

　相続開始前7年（令和5年12月31日以前の贈与については3年。以下同じ。）以内の贈与の相続財産への加算制度は、<u>相続又は遺贈によって財産を取得した者</u>が、被相続人から相続開始前7年以内に贈与によって財産を取得しているときは、その贈与のあった時の贈与財産の価格を相続税の課税価格に加算し、その加算後の金額を相続税の課税価格とみなして相続税が計算されることとなっています。

　そのため、孫などが被相続人から相続開始前7年以内に贈与を受けた場合であっても、その者が相続又は遺贈により財産を取得しなければ、相続税の課税価格に加算されることなく、贈与税の課税のみで完結します。

第1章 個人編-⓫

生前贈与の基本～相続時精算課税～

担当者：贈与税には暦年課税贈与以外にも相続時精算課税贈与があります。最近、大きな改正が行われ、注目されていますがご存知ですか？

社長：そうなんだね。いや、知らなかったよ。

担当者：今までの2,500万円の特別控除に加えて、令和6年から毎年110万円の基礎控除ができました。

社長：なるほど。ところで、賃貸している不動産があるのだが、金額も大きいので、相続時精算課税でそれを贈与するという方法もあるのかな？

担当者：相続時精算課税は基礎控除を除いたすべての贈与が相続時に持ち戻されますので、相続税と贈与税のバランスを考えて有利かどうか判断することとなります。事務所に戻って所長と相続担当者に相談し、一度説明の機会を設けさせていただくようにします。

ポイント　経営者の財産を把握し推定相続税額が算出された後、相続対策として暦年課税贈与と相続時精算課税贈与を検討してみる必要があります。

1 相続時精算課税贈与とは

　相続時精算課税贈与とは、贈与税と相続税の課税を一体化して遺産相続時に税額を精算する制度です。18歳以上の子、孫（受贈者）が60歳以上の父母、祖父母（贈与者）から受ける贈与ついて、毎年110万円の基礎控除と累計2,500万円の特別控除を適用して贈与税を計算し、その後の贈与者の相続発生時に相続税で精算するしくみとなっています。適用対象となる贈与財産の種類、金額、贈与回数に制限はありません。受贈者は、暦年課税贈与に代えて、贈与者である父母、祖父母等ごとにこの制度を適用することを選択できます。

2 値上がりの確実な財産等を有利に贈与できる

相続時精算課税贈与は、贈与時の時価で相続税が課税されますので、贈与時よりも相続時の時価が高くなることが予想される不動産や有価証券等は、相続時精算課税で贈与すると将来の相続税負担が減少します。

賃貸住宅や有価証券を相続時精算課税で贈与した場合、家賃収入や株式配当などにより増えた預貯金は受贈者に蓄積し、贈与者の将来の相続税の課税対象額が減少します。早めに贈与することで収益の移転を図ることができますので贈与の時期が早いほど効果があるといえます。

3 相続時精算課税贈与の税制改正

令和6年以降に贈与された財産については、基礎控除の110万円を控除することができるようになりました。

相続時精算課税では毎年110万円が基礎控除額として設けられている上に、この110万円の基礎控除部分は相続税の課税価格にも加算されません。毎年この基礎控除を有効に活用することで相続税額を抑えることにつながります。

4 相続時精算課税の注意点

①	相続時精算課税を選択した後は暦年課税に戻すことはできません。
②	贈与した土地については相続した土地ではないので、小規模宅地等の特例の適用を受けることはできません。

「相続時精算課税による贈与」と「暦年課税による贈与」との相違点
（令和6年1月1日以後に贈与により取得する財産の場合）

		相続時精算課税	暦年課税
制度の趣旨		贈与税と相続税の一体課税 生前贈与を促進	相続税の補完税 生前贈与を抑制
贈与者		60歳以上の父母又は祖父母	制限なし
受贈者		18歳以上の子又は孫 （養子又は代襲相続人を含む）	同上
贈与時	贈与制度の選択	贈与者ごと、受贈者ごとに贈与制度の選択をすることができる	選択の余地はない
	税額計算	（選択した贈与者からの贈与財産（毎年110万円基礎控除後の価額）の累積価額－特別控除額2,500万円）×20%	（その年に受けた贈与財産の価額の合計額－基礎控除額110万円）×超過累進税率
	税率	一律20%	10%～55%の超過累進税率
	非課税枠	毎年110万円基礎控除後の価額について、一生涯において特別控除額2,500万円を限度として複数年にわたり利用できる	年間110万円の基礎控除を毎年利用できる
	申告の要否	基礎控除額以下の贈与であれば申告不要だが、選択に係る最初の贈与を受けたときは、贈与税の申告期限までに「相続時精算課税選択届出書」の提出は必要 また、基礎控除額を超える贈与があった年は申告が必要	基礎控除額以下の贈与であれば申告不要
	適用手続	最初の贈与を受けた年の翌年2月1日～3月15日までの間に「相続時精算課税選択届出書」と一定の添付書類を提出する	特に手続を必要としない

第1章 個人編-⑫

生前贈与の活用
～相続税の負担割合を考慮～

担当者

私事ですが、先日、子供が産まれまして私もようやく父親になりました。私の両親にとっては初孫になり、両親もすごく喜んでいました。ご家族でよく集まられている社長のように、私も家族みんなで仲良く暮らしていければいいなと思っています。

そうだったんだね。それはおめでとう。私の孫は今4人かな。子供や孫はたくさんいればいるほど賑やかで、みんなが集まると楽しいものだよ。

社長

担当者

ところで、先日ご相談を承りました相続対策ですが、社長の場合は60代でまだお若くご家族も多いので、10年以上の暦年課税による生前贈与によって、家族の皆様に少額をコツコツ贈与していく長期対策がおすすめです。

ほう、そうなんだね。誰にどれくらい贈与すれば、どのぐらい効果があるのかな？

社長

担当者

例えばですが、2人のお子様のご夫婦で4人、お孫さん4人の合計8人に対して、1人当たり310万円を10年間継続して贈与したとします。毎年10％の贈与税はかかりますが、10年間で合計2億円以上の財産を生前に移転することができます。

なるほど。相続税でも最低10％の税率なので、同じくらいの税率なら贈与税を支払ったとしても損はしないし、財産を早めに渡しておくことで子や孫も喜ぶかもしれないな。
うん、資料をもらえれば検討してみるよ。

社長

ポイント

相続発生まで10年以上の期間が見込まれる場合は、親族への暦年課税による少額の生前贈与を提案してみましょう。受贈者の人数が多ければ多いほど多額の財産移転が可能です。また、相続税の実効税率を考慮して贈与額を検討するとより効果的です。

1 暦年課税による生前贈与をコツコツやっていく

相続対策にかけることができる時間が10年あれば、暦年課税による贈与だけで多くの人は相続税対策ができます。例えば、法定相続人が子2人でそれぞれの子に配偶者及び子が2人いると仮定し、子の家族全員に贈与すれば受贈者の数は合計で8名となります。1人当たり310万円贈与（贈与税20万円／人）し10年間継続して贈与すれば2億4,800万円を生前贈与することができます。2人の子に対する贈与について生前贈与加算の対象となる金額は4,140万円（310万円×7年×2人－100万円×2人）となりますが、2億円を超える金額を贈与税の課税で完結させることができます。

2 いくら贈与すればよいのか

長年にわたる暦年課税による贈与は、相続税の負担割合を考慮しながら実践するとより効果的です。また、贈与者の相続税の負担軽減だけでなく、その贈与者に配偶者がある場合には、2次相続までの通算相続税の負担軽減に大きな効果を発揮します。

贈与額	その効果と留意点
110万円以下の贈与	110万円以下の贈与であれば、贈与税の負担なく贈与することができます。この場合、贈与の事実を明確にして贈与することがポイントで、現金の手渡しによる直接の贈与は避けて、贈与者の預金から受贈者の預金へ振込みなどの方法により贈与の日と金額を明らかにしておくことが大切です。贈与税の申告義務はありませんが、贈与の事実を補強するために贈与税の申告（納税額は0円）をしておくことも選択肢の1つです。また、贈与契約書を作成し、贈与者の贈与の意思を共同相続人に対して明らかにしておくために書面として残しておくことも重要です。
310万円の贈与	310万円贈与する場合、贈与税の基礎控除額を控除した後の課税価格200万円に対する贈与税の税率は最低税率の10％とされていますので、20万円の贈与税が課税されます。しかし、相続税の最低税率も10％ですので、贈与税もその税率の範囲で財産の生前移転を図ることができます。
470万円（特例贈与の場合520万円）の贈与	470万円（特例贈与の場合520万円）の贈与に対する贈与税は47万円（52万円）となります。贈与した金額に対して10％の贈与税の負担割合となります。この金額以下の贈与を繰り返せば相当額の資産の贈与が可能となります。

第1章　個人編-⓭

生前贈与の活用
～贈与者が高齢の場合～

担当者

最近ご無沙汰しておりますが、先代のお父様はおいくつになられたのでしょうか？

父はもう90歳になるんですよ。最近は高齢で気弱になり、今のうちに持っているお金を私たちに渡しておきたいと言っているんだけど、どうしたらいいのでしょう？

社長

担当者

社長のご家族は、たしかご両親とご主人、お子さまがお2人おられますよね。お父様は誰にどのくらいの金額を贈与したいと考えておられるのでしょうか？

私には結婚しているけど子供がいない姉がいるの。父は私の家族と姉の家族に平等に5,000万円程度を渡したいみたい。

社長

担当者

生前贈与には暦年課税と相続時精算課税があります。暦年課税は相続開始前7年以内の贈与については、相続財産に加算して相続税が計算されます。ただし、孫などの相続人以外への贈与は加算する必要はありません。また、相続時精算課税では毎年110万円を渡しても贈与税はかかりません。これらをうまく活用すれば節税になる場合があります。

それなら一度、試算してくれませんか。私から父に説明してみます。あと前から少し気になっていたのですが、最近、父が忘れっぽいというか…認知症かも？　という行動が増えてきているんですが、この点は問題ないでしょうか。

社長

ポイント
先代の年齢や健康状態などの情報から生前贈与による対策を提案してみましょう。生前贈与は贈与者の年齢や受贈者との続柄によって、暦年課税と相続時精算課税のいずれがよいかの検討が必要です。また、贈与者が高齢の場合は認知症の発症に注意しましょう。

1　孫への贈与には「暦年課税」を活用

相続税対策として広く活用されている暦年課税による生前贈与は、相続開始前7年以内※1の相続人への贈与分※2については、持ち戻して相続財産に加算されます。つまり、暦年課税

による贈与は、贈与日から7年が経過しないと相続対策の効果を得られません。

※1 令和6年1月1日以後の贈与の場合（令和5年12月31日までの贈与は相続開始前3年以内とされています。）。
※2 その財産のうち相続開始前3年以内に贈与により取得した財産以外の財産については、その財産の価額の合計額から100万円を控除した残額

ただし、加算の対象は遺産を相続する相続人への贈与に限られますので、相続人となる子ではなく、相続の権利を持たない孫・ひ孫・嫁・婿への贈与であれば加算されません（遺言書で孫などへ遺贈する場合は加算対象となります。）。

2 「相続時精算課税」の年間110万円は相続財産に加算されない

相続時精算課税による贈与は、基礎控除として毎年110万円までの贈与分が相続財産に加算されません。贈与者が高齢の場合、贈与から7年経過前に相続が発生した場合でも相続財産に持ち戻されることはありませんので、この点は暦年課税より有利な点といえます。

3 非課税特例の活用で一挙に多額の贈与も

直系尊属（祖父母や父母など）から受ける贈与で、資金の用途が住宅取得や教育資金、結婚・子育て資金である場合は、贈与税の非課税特例を活用することで、受贈者（子や孫など）側のニーズに応じた多額の贈与も可能です。

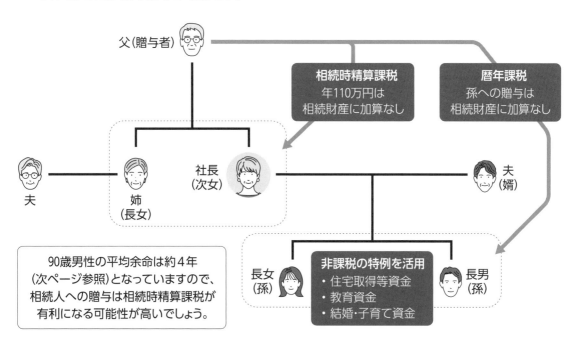

主な年齢の平均余命 (再掲)

(単位：年)

年齢	男			女		
	令和5年	令和4年	前年との差	令和5年	令和4年	前年との差
50歳	32.60	32.51	0.09	38.23	38.16	0.07
55	28.05	27.97	0.09	33.54	33.46	0.08
60	23.68	23.59	0.09	28.91	28.84	0.08
65	19.52	19.44	0.09	24.38	24.30	0.07
70	15.65	15.56	0.09	19.96	19.89	0.07
75	12.13	12.04	0.09	15.74	15.67	0.07
80	8.98	8.89	0.09	11.81	11.74	0.07
85	6.29	6.20	0.10	8.33	8.28	0.06
90	4.22	4.14	0.08	5.53	5.47	0.06

出典：厚生労働省「令和5年簡易生命表の概況」より

4 認知症への備えは早めに

　高齢者の15％が認知症になる時代です。もちろん認知症になったからといってすべての贈与が認められなくなるわけではありませんが、もし贈与者が認知症を発症し、法律上、「意思能力のない人」と扱われた場合は、贈与そのものが否認される可能性があります。

　認知症対策の一つとして、本人以外を受取人とした生存給付金付きの生命保険があります。受けとった生存給付金は贈与税の課税対象として扱われます。給付金受取時には認知症を発症していても保険契約時に認知症でなければいいわけです。認知症の発症リスクを考えると、相続税から資産を守るためには早くからの対策が必要になります。同じくらいの資産を所有していても、早くから相続対策を考えて生前より準備していた人と、何もしない人では、相続税に驚くほど大きな差が生じる場合もあります。

コラム

高齢者による生前贈与は相続時精算課税

　相続時精算課税制度とは、原則として60歳以上の父母又は祖父母などから、18歳以上の子又は孫などに対し、財産を贈与した場合において選択できる贈与税の制度です。

　この制度を選択する場合には、贈与を受けた年の翌年の2月1日から3月15日までの間に一定の書類を添付した「相続時精算課税選択届出書」を提出する必要があります。

　なお、この制度は贈与者（父母又は祖父母など）ごとに選択できますが、一度選択すると、その選択に係る贈与者（以下、「特定贈与者」といいます。）から贈与を受ける財産（以下、「相続時精算課税適用財産」といいます。）については、その選択をした年分以降すべてこの制度が適用され、「暦年課税」へ変更することはできません。

　また、特定贈与者が亡くなった時の相続税の計算上、相続財産の価額に相続時精算課税適用財産の贈与時の価額（令和6年1月1日以後の贈与により取得した相続時精算課税適用財産については、贈与を受けた年分ごとに、その相続時精算課税適用財産の贈与時の価額の合計額から相続時精算課税に係る基礎控除額110万円を控除した残額）を加算して相続税額を計算します。

　相続時精算課税を活用した贈与によって相続税負担を軽減させようとする場合には、贈与を受けた財産は、特定贈与者の死亡の際には、贈与を受けたときの価額で相続財産に加算して相続税が課税されることとなっていることから、以下のような財産を贈与することがポイントです。

① 贈与を受けたときから特定贈与者が死亡するまでの間に、大きく値上がりすると予想される財産
② 毎年大きな果実を生む財産

　そこで、贈与を実行する場合に、暦年課税贈与による方法よりも相続時精算課税によることが有利となる事例について、以下の設例で検証します。

設例 相続時精算課税贈与が有利になる事例

1. 被相続人　母（令和16年2月に死亡すると仮定）
2. 母の相続財産（令和6年）　自宅　2,200万円、現預金8,000万円
3. 相続人　長男（母と別生計で持家あり）1人
   なお、長男家族は、妻、子（甲22歳、乙20歳）2人の4人家族
4. 養子縁組　母は長男の妻と令和5年に養子縁組を行った
5. 生前贈与（令和6年から以下のいずれかの贈与を実行する）
   ① 長男家族全員に暦年贈与によって毎年3月に　110万円/人　の贈与（10年間）を行う
   ② 長男家族全員が相続時精算課税を選択し、母は毎年3月に現金　110万円/人　の贈与（10年間）を行う
6. 遺産分割　長男と長男の妻（養子）は、それぞれ1/2ずつ財産を相続した
7. 相続税

	暦年課税贈与	相続時精算課税贈与（※2）
課税価格	2,200万円＋（8,000万円－4,400万円）＋1,340万円（※1）＝7,140万円	2,200万円＋（8,000万円－4,400万円）＝5,800万円
相続税	（7,140万円－4,200万円）÷2人×15％－50万円＝171万円/人 171万円×2人＝342万円	（5,800万円－4,200万円）÷2人×10％＝80万円/人 80万円×2人＝160万円

（※1）生前贈与加算：長男と長男の妻　（110万円×7年－100万円）×2人＝1,340万円
　　　孫（甲及び乙）に対する生前贈与については、甲及び乙は相続又は遺贈によって財産を取得していないため、生前贈与加算の規定は適用されません。
（※2）相続時精算課税贈与の基礎控除額以下の贈与については、相続税の課税価格に加算されません。

　令和6年以後の暦年課税贈与によると、相続又は遺贈によって財産を取得した者が、その被相続人から相続開始前7年以内に贈与を受けていた場合には、生前贈与加算の期間が7年になります。ただし、相続開始前3年超7年以内に贈与により取得した財産については、総額100万円までを控除することとされました。

　一方、相続時精算課税贈与の場合には、毎年110万円の基礎控除額以下の贈与については、贈与税の申告は不要で、かつ、相続税の課税価格への加算も必要がありません。

　そのことから、相続時精算課税では10年間の控除額が最大1,100万円であるのに対して、暦年課税では相続開始前7年より前の贈与額（110万円×3年）と100万円

の合計額430万円が相続税の課税価格に加算されないため、相続時精算課税贈与が有利になることがあります。

　ただし、相続人でない孫への相続時精算課税贈与は110万円を超える贈与金額は、全額相続財産に加算されますが、暦年課税贈与によって贈与すれば、孫が遺贈によって財産を取得しない場合には、相続税の課税価格への加算は必要なく、贈与税の課税関係だけで完結します。

　そのように、有利・不利が混在しますので、相続時精算課税の選択に当たっては慎重に判断しなければなりません。

● 厚生労働省が公表している令和5年簡易生命表において平均余命表のうち、平均余命が7年未満の年齢は、男が84歳、女は88歳となっています。

　そのため、その年齢以上の場合には、暦年課税贈与による方法では、ほとんどの場合、生前贈与加算の対象となってしまう確率が高いと考えられます。

第1章 個人編-⑭

子や孫への資金援助
～扶養義務者からの贈与～

担当者:　次男さんがご結婚されるそうで、おめでとうございます。結婚式が楽しみですね。

社長:　ありがとう。ところで、次男が今回、結婚することになって結婚式や新婚旅行、新居といろいろ物入りになってくるんだけど、これらの支払を私がしても大丈夫かな？

担当者:　贈与税の問題ですよね。それらの費用を全額負担されるのですか？

社長:　結婚式の費用は半分ほど負担してやるつもりなんだよ。新居については頭金を出してやるつもりだけど、残りは自分で住宅ローンを組むつもりのようだ。

担当者:　常識的な範囲の結婚式や新婚旅行の費用までは大丈夫だと思いますが、新居の購入費用については特例があり、住宅の性能によって1,000万円か500万円が控除されます。

社長:　それから、長男の子どもも大きくなって私立の幼稚園から私立の小学校へ行かせたいみたいなんだけどね。息子は多額の費用がかかると心配しているんだよ。その後も進学するごとにお金がいるだろうし。

担当者:　教育上で通常必要となる学費や教材費・文具費などを必要な都度直接支払うのならば、社長が出してあげても贈与税はかかりませんのでご安心ください。ただし、数年分をまとめて渡したい場合には特例が必要になりますのでご相談ください。

ポイント　知らぬ間に多額の贈与をしてしまっていたとならないように、ご家族の節目となる結婚やマイホーム購入、進学などのタイミングには、扶養義務者からの贈与の取扱いや贈与税の非課税特例について説明しておきましょう。

1 結婚式のご祝儀に贈与税はかからない

結婚式を開催するには数百万円ほどの費用がかかることもあり、親がその資金を援助することもよくありますが、このような資金の贈与には原則として贈与税はかかりません。結婚式当日などに友人から受け取るご祝儀も同様です。そのため、通常の確定申告のように税務署に申告する必要はありません。結婚式だけではなく、「個人から受ける香典、花輪代、年末年始の贈答、祝物又は見舞いなどのための金品で、社会通念上相当と認められるもの」についても贈与税はかかりません。

2 扶養義務者からの生活費や教育費の贈与

扶養義務者から生活費や教育費として必要な都度、直接これらの用に充てるために通常必要と認められるものの贈与を受けた財産には、贈与税はかかりません。

なお、扶養義務者とは、次の者をいいます。

① 配偶者
② 直系血族又は兄弟姉妹
③ 家庭裁判所の審判を受けて扶養義務者となった三親等内の親族
④ 三親等内の親族で生計を一にする者

3 贈与税の3つの非課税特例

多額の資金を一括して贈与したい場合に、資金の用途が「結婚・子育て資金」、「教育資金」、「住宅取得等資金」であれば、贈与税が非課税となる特例があります。

ただし、これらの特例で非課税となるのは、あくまでも贈与を受けた資金をそれぞれ定められた用途に使った場合に限られます。例えば、住宅取得等資金として500万円を受け取ったにもかかわらず、本当はその資金を使わずに貯金したなどの場合は非課税とならないので注意してください。

特　例	非課税限度額	
教育資金	1,500万円	
結婚・子育て資金	1,000万円	
住宅取得等資金	省エネ、耐震、バリアフリー住宅 1,000万円	一般住宅（左記以外の住宅） 500万円

コラム

贈与税は相続税の分割前払い

　フローの所得に対する所得税や法人税とは異なり、相続税は相続発生時に、遺産（ストック）に対して課税されます。そして、相続開始の日の翌日から10か月以内に、原則として一時に金銭で相続税を納税しなければなりません。そのため、納税資金が不足し、相続税の納税に窮している事例が少なくありません。

　贈与税は相続税の補完税としての役割を担っていて、贈与税と相続税は相関関係にあります。その意味では、贈与税は相続税の前払いと考えられるので、日常の資金繰りの中で無理のない範囲で少しずつ贈与税を負担しながら生前贈与を実行することで、将来の相続税負担を着実に軽減させていくことが可能です。

　生前贈与が相続税負担を大きく軽減させる原因は、生前贈与によって相続税の累進税率の上積み税率が適用される部分の財産が移転し、贈与税の累進税率の下積み税率によって計算した贈与税の負担で済むことにあります。

【負担割合のイメージ図】

各取得分の金額が6億円超の部分の税率 55%　→　一般贈与の場合、贈与金額が470万円であれば負担割合は10%

相続財産　　贈与財産

　そのため、贈与税と相続税の合計額で財産の承継コストを考えるようにすることが対策を実行していく上でのポイントです。

第1章 個人編−⑮

多額の現金の預入れ
～マネー・ローンダリングに注意～

担当者:振替納税の口座の残高が少ないようですので、お持ちの現金を預け入れてもらえないでしょうか。

社長:はい、わかりました。手元に1,000万円の現金があるのでこれを預け入れておきます。

担当者:エッ！現金1,000万円ですか！それはどこから入手したお金なのでしょうか？

社長:このお金は実は10年前に亡くなった母のタンス預金なんです。私の両親は二人で一緒に花屋を始めて個人営業だったんだけど、最盛期はよく儲けていたみたいです。でも、15年ほど前に体調が悪くなり廃業しました。この1,000万円はその当時に母がタンス預金していたもので、そのまま手を付けずに残っており、最近家具を買い替えた際に見つけました。母の相続の際には、相続税がかからなかったので申告はしていません。

担当者:当時の資料によると、お母様の相続財産はこの1,000万円を加えても基礎控除額以下ですので、相続税申告は必要ありません。また、相続から10年が経過していますので今から問題となることはないでしょう。

社長:なるほど、安心しました。ところでこの現金はこのまま口座に預け入れてよいものでしょうか。

担当者:多額の現金預入れは金融機関からマネー・ローンダリングを疑われる場合があります。今回は犯罪ではありませんので特に問題はありませんが、その点の事情は説明できるようにしておく必要があるかもしれません。

ポイント 顧問先が不自然に多額の現金を所有していた場合には、その入手経緯を確認しておきましょう。もしそれが相続財産であった場合は、申告についての確認が必要です。また、口座へ多額の現金の預入れをする場合は、金融機関から本人確認等を求められる場合があります。

1 相続税の基礎控除とは

相続財産（課税価格）が次の算式による基礎控除額以下であれば、相続税はかかりません。また、この場合は、原則として相続税の申告も不要です。

> 相続税の基礎控除額 ＝ 3,000万円 ＋ （600万円 × 法定相続人の数）

2 相続税の時効とは

相続税は、相続が発生してから10か月後が申告期限で、そこからさらに5年経つと時効が成立します。時効が成立すると、国が相続税を徴収する権利がなくなりますから、相続税を払わなくてもいいことになります。ただし、意図的に財産を隠していた場合など、悪意がある場合には時効成立の期間が7年に延長されます。

3 マネー・ローンダリングとは

マネー・ローンダリング（資金洗浄）とは、一般に、犯罪によって得た収益を、その出所や真の所有者が分からないようにして、捜査機関等による収益の発見や検挙等を逃れようとする行為をいいます。

マネー・ローンダリングに関して金融機関は厳しい対応をとっています。

〔例〕（マネー・ローンダリングと判断される）疑わしい取引の参考事例
- 多額の現金（外貨を含む。以下同じ。）又は小切手により、入出金（有価証券の売買、送金及び両替を含む。以下同じ。）を行う取引。
- 特に、顧客の収入、資産等に見合わない高額な取引、送金や自己宛小切手によるのが相当と認められる場合にもかかわらずあえて現金による入出金を行う取引。

今回のケースは、犯罪になるような事案ではないので、金融機関に預入れができれば問題はないと思います。金融機関の窓口で預入れする場合は、入金額に上限はありませんが、ATMで預入れをする場合は、金融機関によっては、一度に預けられる紙幣の枚数に上限を設けていることもあるため、現金を持ち出す前に確認しておいた方がよいでしょう。

第1章 個人編-⑯

エンディングノートと遺言書

担当者: お久しぶりです。社長、最近だいぶ痩せられましたね。

社長: 実は人間ドックでステージ4の大腸ガンだと診断されたんだよ。5年生存率が20％ぐらいだそうだ。でも、自分ではまだまだ大丈夫だと思っているよ。僕は運がいいからねえ。

担当者: ガンも治療方法が進んでいるので不治の病ではないと思います。でも、これをきっかけに終活を始めるのはどうですか。

社長: そうだね。今後は治療を受けながら終活を始めてみるよ。何から始めればいいのかな。

担当者: やりやすいことから始めて最終的には遺言書を作っておきましょう。社長は九州出身で長男とお聞きしていますが、九州のお墓はどうされるのですか。

社長: 墓は田舎にまだあるのだけど、墓参りをする親族ももういないのでどうすれば…急なことでやることが多すぎて混乱してしまうよ。

担当者: 考えをまとめていくためには、エンディングノートを利用するのもいいと思います。エンディングノートの作成は人生のたな卸です。私どももお手伝いしますのでさっそく始めましょう。

ポイント

重い病気の告知をきっかけとして相続対策が進み始めるケースもあります。遺言書を作成するための下準備として、親しみやすい内容のエンディングノートを活用するのもよいでしょう。また、近年相談の多いお墓の承継についても予備知識があるとよいでしょう。

1 意外と使える？ エンディングノート

　エンディングノートとは、自分自身や家族の情報、所有する財産、加入している保険や年金、医療・介護、葬儀・お墓、趣味に関することなど、終活の一環や認知症対策として自分の身の回りの情報を書き込んでおくノートをいいます。遺言書とは異なり、記載の内容に法的拘束力はなく書き方のルールもないため、書店などでさまざまな種類のエンディングノートが市販されています。

【参考】「エンディングノート」（法務省／日本司法書士会連合会　共同制作）
https://www.moj.go.jp/content/001395858.pdf

2 遺言書のキホン

遺言書には主に次の2つの種類があります。

公正証書遺言	＜メリット＞ ・元裁判官や元検察官などの法律の専門家で、法務大臣から任命を受けた公証人が、公正中立な立場で公正証書として遺言書を作成します。 ・公証役場で公正証書遺言を作成後、遺言が公証役場に保管されるので、紛失や盗難、偽造や改ざんの心配がありません（家庭裁判所での検認が不要）。 ＜デメリット＞ ・証人2人が必要になります。 ・費用がかかります（作成費用は目的の価額に応じて設定）。
自筆証書遺言（法務局保管の場合）	自筆証書遺言は、遺言者が遺言本文の全文、日付、氏名を手書きする遺言書です。法改正によって、財産目録はパソコン入力や通帳の写し、登記事項証明書などの資料添付で作成できるようになっています。 ＜法務局保管のメリット＞ ・法務局で遺言書原本と画像データが保管されるため、紛失や盗難、偽造や改ざんを防げます。 ・遺言者死亡時に、指定された方に対して遺言書が法務局に保管されていることが通知されます。これにより、遺言書が発見されないことを防ぎます。 ・相続開始後の家庭裁判所での検認が不要です。

3 どうする？ お墓の処分

　墓じまいとは、遺骨が収蔵された先祖代々のお墓を撤去し、寺や霊園などの墓地の管理者に敷地を返還することをいいます。墓じまい後に遺骨を別の墓地や納骨堂に引っ越しさせることを改葬といいます。最近は、お墓を引き継ぐ親族がいない、地方のお墓の管理ができないといった理由で墓じまいをする方が増えており、全国の改葬件数は、平成19年度の73,924件から令和4年度は151,076件に倍増しています。

コラム

遺言書作成のポイント10か条

❶ 遺言書の方式

　被相続人が遺言書を作成している場合には、被相続人の遺産の分割方法に関しては基本的には被相続人の遺志が尊重され、遺言書の記載内容に基づき分割されることとなります。

　遺言者は、遺言するときにおいてその能力を有しなければなりません。遺言をする能力とは満15歳以上である者（民法961）で、自分の行った行為の結果を判断し得る精神能力（意思能力）を有し、自分が一人で契約などの有効な法律行為ができる能力をいいます。

　民法では、普通方式遺言3種類と、特別方式遺言4種類を定めています。

　普通方式遺言は、自筆証書遺言、公正証書遺言、及び秘密証書遺言の3種類です。原則として、この普通方式遺言3種類の中から選択して遺言書を作成します。ただし、生命の危機が迫るような緊急時のために、特別方式遺言も規定されています。特別方式遺言は、死亡危急者遺言、船舶遭難者遺言、伝染病隔離者遺言及び在船者遺言の4種類です。

遺言の方式				
普通方式		自筆証書遺言		民法968・民法971
		公正証書遺言		民法969・民法969の2
		秘密証書遺言		民法970・民法972
特別方式	危急時遺言		死亡危急者遺言	民法976
			船舶遭難者遺言	民法979
	隔絶地遺言		伝染病隔離者遺言	民法977・980
			在船者遺言	民法978・980

　一般的には、普通方式による3つの方式のいずれかの遺言書が作成されています。

　相続争いを防止するための遺言書作成のポイントについては、以下のように考えられます。

❷ 争族防止のための遺言書作成のポイント10か条

遺言書を作成する場合、争いに発展しないよう留意して作成する必要があります。遺産争いに発展しない遺言書の作成のポイントを以下に掲げます。

第一条　特定遺贈により作成し、すべての財産について遺言する（金融資産を換金して相続させる場合を除き、複数人に割合的に財産を相続させる遺言はできるだけ避ける）

第二条　分割困難な不動産や支配権に影響する自社株は、相続後に利害が対立することがないように付言事項なども記載した遺言にする

第三条　未登記や共有の不動産、固定資産税等が非課税となっている不動産等について遺言書に記載漏れのないように注意する

第四条　遺言書を書き換える場合には、従前の遺言書を撤回する旨を記載し、あらためて全ての遺産について遺言する

第五条　受遺者が遺贈の効力発生前に死亡した時に備えて、前記財産を誰に遺贈するかを記載しておく（これを補充遺贈といいます）

第六条　遺言執行者を定めておき、預貯金や金融商品の解約権限や解約金の受領権限、貸金庫の開扉権限などを付与しておく

第七条　推定相続人に対して遺言する場合には、「相続させる」と記載する

第八条　「財産」に関する遺言だけでなく、「お墓や祖先の供養」及び「父母の扶養介護」についても遺言しておく（※）

第九条　安全確実な公正証書による遺言書作成が望ましい

第十条　遺留分に配慮した遺言書を作成することが望ましい

（※）葬儀費用や相続税申告費用などの負担方法についても遺言しておくことが望ましいです。

また、1次相続（例えば父の相続）で遺産争いがあった場合には、2次相続（母の相続）でもスムーズな遺産分割協議ができない事例が多いことから、遺言書を残しておくことは必須と考えられます。

❸ 付言事項とは

　付言事項については、法的な効力を有しないものの、遺言者の真意を伝えたり、希望を書くことができます。たとえば、財産の大半を長男に相続させる遺言書を作成したとき、遺留分を侵害された二男に対して、なぜそのような遺言書を作成したのかを書き、遺された兄弟間の心情的なあつれきを少しでも防止できるように配慮したりすることもできます。

　他にも、亡き後の処理のしかた、葬儀の方法や献体の希望を書いたり、親族の融和や家業の発展を祈念する旨など様々な希望を書いたりもできます。

　しかしながら、付言された事項に法的な効力はありませんから、それを守るかどうかは相続人次第です。相続人には、遺言者の最後の意思を表明したものですから付言事項を尊重してもらい、結果として付言された内容が実現されることを望むほかありません。

　それでも、事後の争いを少しでも防止する意味からも、遺言者の真意をはっきりと相続人に伝えることは重要なことのように思います。

　なお、付言内容が長文になる場合には、遺言書に付言事項として記載する代わりに公証人に対して「宣誓認証」という方法もあります。

第1章 個人編-⑰

遺言書を必ず作成しておくべきケース

担当者

遺言書の作成にあたりまして、先日お願いしましたお子様たちへの財産の分け方は、決まられましたか？

社長

ええ、そうね。そんなお話をお聞きしていましたね。ただ、あの後でよく考えてみたんだけど、亡くなった前の夫との子供Aと、今の夫との子供Bは、家も近くて特に仲も悪くなくて、私と一緒に時々会って話もしているし、もしBが私の賃貸マンションをすべて引き継いでも、相続で急にもめたりしないと思うんだけど、どうなんでしょうか。

担当者

確かに今はそうかもしれませんが、万が一、相続が発生した場合には、遺産分割の場には社長がおられないので、お2人の関係がどうなるのかは予測が難しいです。もしBさんがすべての賃貸マンションを引き継いだ場合には、Aさんの遺留分をBさんが侵害することになり、BさんからAさんへの侵害額分の金銭の支払が必要になります。

社長

そうなんですね。現預金はあまり多くはないので、もしそうなったときは、賃貸マンションから得られるBの家賃収入から、Aにその金銭を支払うことになるかもしれませんね。

担当者

その家賃収入についても、遺産分割協議が整うまでの間は、Aさんの相続分はAさんに帰属することになるので、ますます遺産分割が円滑に進みにくくなる可能性があります。

社長

わかりました。Bが賃貸マンションをスムーズに引き継げるように遺言書は作成しておこうと思います。また分け方を決めておくので、改めて相談にのってもらえると助かります。

ポイント

　相続人間で争いがある可能性を考慮した場合は、再婚し前の配偶者との間に子がいる推定被相続人は遺言書が必須です。その他、子のいない夫婦や内縁の者や孫に遺産を残したい場合も同様です。また、不動産賃貸オーナーについても家賃・賃料などの収入の帰属の観点から遺言書が必須であると考えられます。

1　相続人間で争いの可能性が考えられる場合

　相続人間で争いの可能性が考えられる場合には、公正証書遺言で遺産を誰に相続させるか明確にしておくことが重要です。遺留分を侵害する内容の遺言書でも、遺留分侵害額の請求があるかもしれませんが遺留分権利者の当然の権利として冷静に受け止めて対応すれば良いと思います。

　相続対策では、遺言書を残しておくことが望ましいのですが、その中でも次のような事情にあるような人は、遺言書の作成について提案することが欠かせません。

■遺言書が必須と考えられる事例

再婚し先妻(夫)との間に子がいる場合	相続争いに発展することが多くあります。遺言書で自社株などは後継者が確実に相続することができるようにしておかなければなりません。
子のいない夫婦の場合	子がいない相続で、配偶者と兄弟姉妹が相続人の場合には、兄弟姉妹には遺留分が認められていませんので、遺言書を残しておけば遺言者の遺志どおりに遺産を相続させることができます。
内縁の者や孫に遺産を残したい場合	内縁の者や孫は相続人ではないことから、遺産を残してやりたい場合には、遺言書でその旨を書いておく必要があります。

2　不動産賃貸オーナーは遺言書が必須

　個人で不動産賃貸業を営む者の場合、遺言書を残すことは必須であると考えられます。遺言書が残されていないと、遺産分割協議が調うまでの間の賃料収入は、各相続人の相続分に応じてそれぞれ帰属するとされています。そのため、遺産分割協議がますます難しくなってしまいます。

　遺産分割の効力は相続開始時点に遡って効力を生じますが、その相続財産から生じる財産は、その相続財産とは別の財産であると考えることになります。よって、遺産分割協議により確定したその相続財産と紐付きで分割されず、各相続人が法定相続分で取得することになります。

　ただし、賃料も相続財産から生じる果実ですので、賃料についても遺産分割協議で配分を合意するのが一般的です。

■未分割遺産から生じる賃料収入の帰属（平成17年9月8日：最高裁判決）

事案の概要

　亡Aは賃貸不動産をいくつか所有していました。遺産分割協議等により各不動産の帰属が決まるまでは、相続人全員が共同して管理する共同口座に各不動産の賃料を保管し、遺産分割協議により各不動産の帰属が決まった時点で、精算を行うことで暫定的合意が成立していました。

　その後、家庭裁判所の審判により各不動産の帰属が確定しました。この場合において、不動産の帰属が確定するまでの間に共同口座に貯められた賃料債権の帰属について争った事案となります。

　原審では、遺産から生ずる法定果実は、それ自体は遺産ではないが、遺産の所有権が帰属する者にその果実を取得する権利も帰属するのであるから、遺産分割の効力が相続開始の時にさかのぼる以上、遺産分割によって特定の財産を取得した者は、相続開始後に当該財産から生ずる法定果実を取得することができると判断しました。そうすると、本件各不動産から生じた賃料債権は、相続開始の時にさかのぼって、本件遺産分割決定により本件各不動産を取得した各相続人にそれぞれ帰属することとなります。

　しかし、最高裁判所は、遺産は、相続人が複数人である場合、相続開始から遺産分割までの間、共同相続人の共有に属するものであるから、この間に遺産である賃貸不動産を使用管理した結果生ずる金銭債権たる賃料債権は、遺産とは別個の財産というべきであって、各共同相続人がその相続分に応じて分割単独債権として確定的に取得するものと解するのが相当であると判断しました。

要　旨

　遺産分割は、相続開始の時に遡ってその効力を生ずるものであるが、各共同相続人がその相続分に応じて分割単独債権として確定的に取得した賃料債権の帰属は、後にされた遺産分割の影響を受けないものというべきである。

コラム

自筆証書遺言か公正証書遺言か

　遺言書を作成しようとする場合、自筆証書遺言か公正証書遺言のいずれを選択すればよいか迷うことがあります。

❶ 自筆証書遺言の場合

　平成30年の民法改正によって、自筆証書遺言の方式の緩和が行われ、全文自書しなければならないとされていた自筆証書遺言について、財産目録は自書でなく、パソコンを利用したり、不動産（土地・建物）の登記事項証明書や通帳のコピー等の資料を添付する方法で作成することができるようになりました。

　また、現在の高齢化の進展等の社会経済情勢の変化に鑑み、相続をめぐる紛争を防止するという観点から、法務局において自筆証書遺言に係る遺言書を保管する制度が新たに設けられました。法務局という公の場で自筆証書遺言が保管されることにより、確実に自分が作成した遺言が保護され、かつ、検認も不要とされます。

❷ 公正証書遺言の場合

　公証人は、原則として、裁判官や検察官あるいは弁護士として法律実務に携わった者で、公募に応じたものの中から、法務大臣が任命しています（公証人法13）。

　公正証書遺言は、遺言者本人が、公証人と証人2名の前で、遺言の内容を口頭で告げ、公証人が、それが遺言者の真意であることを確認した上、これを文章にまとめたものを、遺言者及び証人2名に読み聞かせ、又は閲覧させて、内容に間違いがないことを確認してもらって、遺言公正証書として作成します。

　公証人は、国家公務員法上の公務員ではありませんが、国の公務である公証作用を担う実質的な公務員です。

　公正証書遺言では、公証人が遺言者に遺言の内容を確認するなどして意思能力の有無を判断しますが、診断書などで確認をするわけではありません。公証人が遺言者の意思能力の欠如を看過して、公正証書遺言を作成してしまうこともあり得ます。意思能力を欠く常況である場合には、当該遺言は無効になります。

❸ 自筆証書遺言か公正証書遺言のいずれを選択するか

　実務的な観点から言えば、相続人間に争いがなく遺言書で指定しておけばその内容で相続することになる可能性が高い場合には、自筆証書遺言で良いのではないかと思います。

　一方、家族間の仲が悪い場合や、遺留分を大きく侵害するような遺言書を作成しようと考えるときは、公正証書遺言によることで無用の争いを回避することができる可能性が高くなると思います。

　公正証書遺言が無効になるケースも皆無ではありませんが、公証人が遺言者の意思を確認して作成されたものであれば無効になる事例は少ないと考えられます。

　公正証書遺言と自筆証書遺言（法務局で保管してもらう場合）の相違点について、一覧表にしておきますので参考にしてご判断ください。

● **公正証書遺言と自筆証書遺言（法務局で保管してもらう場合）の相違点**

	公正証書遺言	自筆証書遺言
作成者と作成方法	遺言者の意思を確認して公証人が作成（遺言者が署名できない場合、公証人がその旨を証書に記載し捺印して作成することができる（公証人法39④））	本文部分は遺言者が自書し、財産目録は自書以外も可 自書できれば、1人で作成することができる
証人の有無	証人が2人以上必要	証人は不要
保管制度	公証人役場で保管	遺言者自らが法務局に出向き、法務局で保管
撤回方法	公証人が作成した遺言書は公証役場から持ち出しできない（公証人法25）ため、他の遺言書で撤回の意思表示を行うなどの方法によらなければならない	法務局に預けている遺言書の返還を受け、廃棄して撤回することもできる
安全性	公証人が関与することから、無効になる可能性が低い	遺言の内容や遺言者の意思について、紛争になる可能性が公正証書遺言と比較して高い
費用	遺言書作成に当たり、公証人などに対する費用が発生する	遺言書作成費用は生じない。法務局で保管してもらうときに保管手数料が必要
複数の遺言書が残されている場合	公正証書はすべて公証人役場で保管されていて、遺言者の死亡後は、相続人はすべて公正証書遺言の写しを入手できる そのため、特定の相続人等にとって不利な内容への遺言書の書換えの事実が明らかになることで、相続人間の関係が悪化する可能性がある	遺言書が複数作成されても、遺言者によって破棄されていれば、前の遺言の内容を知られることがない そのため、遺言書の書換えがあっても、相続人間における関係悪化の可能性は低い
遺言書の写しの交付	手許に正本又は謄本が残されていない場合に写しを請求するとき ① 遺言者の除籍謄本（遺言者の死亡確認のため） ② 相続人の戸籍謄本（請求者が相続人であることが分かるもの） ③ 請求者（相続人）の本人確認書類（運転免許証等）と認印、又は印鑑証明書（3か月以内）と実印	遺言者の出生から死亡時までのすべての戸籍（除籍）謄本及び相続人全員の戸籍謄本並びに相続人全員の住民票の写し（法定相続情報一覧図に相続人の住所の記載があればその一覧図のみ）を添付して交付請求する

第１章 個人編-⑱

相続登記の義務化

担当者：社長が脱サラして創業された会社は相変わらず好調ですね。少し気は早いですが、社長の相続対策をそろそろ考え始めてもよい時期かもしれません。

社長：相続の話で思い出したんだが、十数年前に両親がなくなったとき、両親は自宅以外に特に財産もなく相続税がかからなかったんだ。だから、実は親の家に名義変更せずにそのまま住んでいるんだけど、最近テレビで「不動産の相続登記が義務化！」なんてニュースを見て、これって今から何か問題になるのかな？

担当者：ご両親の相続があったけれど何もしていないということですよね。相続税に関しては、相続財産が基礎控除額以下であれば申告は必要ありません。でも、相続税に関わらず、土地や建物を相続したときには、相続登記（名義変更）の手続が必要なんです。

社長：知らずに今まで来てしまったんだけど、やっぱりそうなのか。

担当者：これまでは期限が設けられていませんでしたが、令和6年4月1日から相続登記が義務化され、相続から3年以内に土地や建物の相続登記をしなければならなくなりました。正当な理由がなく相続登記をしないときは、10万円以下の過料の対象になります。

社長：それは大変だ。今すぐ相続登記しないといけないのかな？

担当者：社長のように令和6年4月1日より前に相続したケースの期限は「令和9年3月31日まで」になります。まだ猶予はありますが、早めに済ませておかれた方がよいと思います。

ポイント：弁護士や司法書士と定期的に情報交換を行う経営者は多くないでしょう。税理士事務所だから税務だけと決めつけずに、経営や不動産に関わる法律改正のニュース、周辺知識なども積極的に情報収集しておきましょう。

1 相続登記の申請の義務化

令和6年4月1日から不動産の相続登記の申請が義務化されました。

> ① 相続（遺言も含みます。）によって不動産を取得した相続人は、その所有権の取得を知った日から3年以内に相続登記の申請をしなければなりません。
>
> ② 遺産分割が成立した場合には、これによって不動産を取得した相続人は、遺産分割が成立した日から3年以内に、相続登記をしなければなりません。

①と②のいずれについても、正当な理由※なく義務に違反した場合は10万円以下の過料の対象となります。なお、申請期限が迫っている場合などには、相続登記の義務を履行するための簡易な方法として新設された「相続人申告登記」を利用しましょう。

また、令和6年4月1日より前に相続した不動産で、相続登記がされていないものについては、令和9年3月31日までに相続登記をしなければなりません。

※ 相続人が極めて多数に上り、戸籍謄本等の資料収集や他の相続人の把握に多くの時間を要するケースなど。

相続の時期	申請期限
令和6年4月1日以後に相続した不動産	所有権の取得を知った日から3年以内（遺産分割が成立した日から3年以内）
令和6年4月1日より前に相続した不動産	令和9年3月31日までに

2 住所変更登記の義務化

住所変更登記等の申請は任意とされていて、かつ、変更をしなくても大きな不利益がないことや、転居等の度にその所有する不動産についてそれぞれ変更登記をするのは負担であることなどの理由で、住所変更登記がされていない事例が少なくありません。

そこで、個人のほか、法人などが住所変更した場合における住所変更登記についても令和8年4月7日から義務化され、住所変更してから2年以内に登記しなければならないとされます。また、正当な理由がないのにその申請を怠った場合には5万円以下の過料に科されます。

第1章 個人編-⑲

数次相続
～2回続けて相続があったとき～

担当者: 社長、お祖父様が亡くなられた6か月後にお父様が亡くなられるなんて…心中お察しいたします。

社長: 祖父の遺産分割も終わっていないのに…本当にどうしたらよいかわからない状態だわ。

担当者: 今回のようにお祖父様の相続の遺産分割が終わらないうちに、お祖父様の相続人であるお父様が亡くなるというようなケースですが、相続手続の途中で新たな相続が発生することを「数次相続」といいます。

社長: 数次相続…? 名前を聞くだけでややこしそうだわ。

担当者: これから2件の相続税申告を同時に進める必要があります。そのため、遺産分割のご説明が少々複雑となる場合もあります。また、数次相続は相続人ごとに申告期限が異なる場合があるなどの注意点もあります。社長も色々大変なところ、恐れ入りますが、私や所長が全力でサポートいたしますので、引き続きご協力をお願いいたします。

ポイント
数次相続では、複数の相続税申告が同時進行するので、通常の相続より遺産分割などが複雑となる旨を説明しておきましょう。また、申告期限が延長となる場合があります。

1 数次相続と遺産分割

　数次相続とは、被相続人の死亡後、遺産分割協議が終わらないうちに、相続人が死亡することで、さらに相続が発生した状況をいいます。

　今回の場合、1次相続で祖父が亡くなり、祖父の相続が終わらないうちに2次相続で父が亡くなりました。この場合、父の相続人が祖父の相続権を承継します。すると、社長は祖父の2次相続人として、祖父の相続における遺産分割協議にも参加することになります。このように、相続が二重に発生し、後発相続の相続人が、先発相続の遺産分割協議にも参加することになります。

2 数次相続はどこまでも続く？

　数次相続がどこまで続くかについては、法律上の制限が設けられていません。したがって理論上は、永遠に続いていくことになります。ただし実際には、1つの遺産分割協議が終わらないうちに何度も相続人に相続が発生することは考えにくいため、2次相続までで、稀に3次相続が発生するという程度でしょう。

3 数次相続と相続税の申告期限

　相続税の申告期限は「相続開始を知った日の翌日から10か月以内」ですが、数次相続の場合は1次相続の申告期限も2次相続の申告期限に合わせて延長になります。

　祖父の死亡で1次相続が発生し、その後、父の死亡で2次相続が発生した場合、父が行うべき相続税申告は母や社長等に引き継がれます。この場合の申告期限は父の死亡から10か月以内になるので、一般的な申告期限よりも延長されます。ただし、祖父の財産を直接承継する相続人については、祖父の死亡から10か月以内が申告期限となり延長はありません。

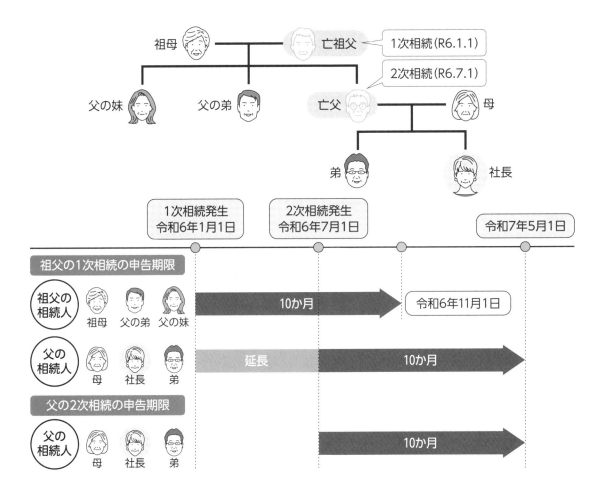

コラム

相続の開始があったことを知った日

「相続の開始があったことを知った日」とは、自己のために相続の開始があったことを知った日をいう（相基通27-4）とされており、一般的には、死亡の事実を自ら知見するほか、電信電話その他の方法によって親族その他の者から知らされた場合にはその通知を受けた日をいうことになると考えられます。

夫婦や親子であれば、被相続人が死亡した事実を知れば、それと同時に自分が相続人になることが分かりますが、被相続人に子がいる場合、両親や兄弟姉妹は先順位である子が相続の放棄をしない限り、次順位である自分が相続人になることはないので、単に被相続人が死亡した事実を知っただけでは自己のために相続の開始があったことを知ったということにはならないことになります。

このような場合は、先順位の相続人である子若しくは親が相続の放棄を行ったことによって、次順位の自分が相続人になったという事実を知らなければ放棄するか否かの熟慮期間が始まらないことになります。

したがって、被相続人に係る相続について先順位の相続人が全員相続の放棄をしたことによって相続の順位が変わり兄弟姉妹などが相続人となるような場合には、自己のために相続の開始があったことを知った日は、先順位の相続人の相続放棄申述受理通知書の写しが届いた日ということになり、相続税の申告書の提出期限の起算日はその翌日となります。

設例

1. 被相続人　甲（令和6年8月16日死亡）
2. 相続人　母は令和6年11月10日に相続放棄の申述が受理されたことから、甲の兄弟（乙、丙）が相続人となった。なお、乙及び丙は相続人であることを知った日は令和6年12月1日であった。
3. 生命保険
① 母は、甲が被保険者及び保険契約者となっていた生命保険金の受取人として令和6年9月10日に生命保険金を受け取った。なお、母は生命保険金があることを知った日は令和6年8月31日であった。
② 甲の兄・乙は、甲が被保険者及び保険契約者となっていた生命保険金で、乙が受

取人となっている保険契約があることを知った日は令和6年9月10日で、9月25日に保険金を受け取っている。

(※) 乙は相続人として、生命保険金を受け取っていることから生命保険金の非課税規定の適用を受けることができます。

4. 相続税の申告期限

(1) 母

母は相続の放棄をしたことから初めから相続人とならなかったものとみなされます（民法939）。しかし、生命保険金（※）を受け取っていることから、（みなし）遺贈によって財産を取得したことになり相続税の申告義務が生じます。

(※) 母は相続人ではないことから、生命保険金の非課税規定の適用を受けることはできません。

この場合、相続の開始があったことを知った日は、自己のためにその遺贈のあったことを知った日とされています（相基通27－4(8)）。そのことから、母は生命保険契約の存在を知り、契約に基づき保険金を取得することができることを知ることとなった日の令和6年8月31日の翌日から10か月以内に相続税の申告をする必要があります。

(2) 乙

乙は、母が相続の放棄をしたことによって、相続の順位の変動があり、相続人であることを知った日は令和6年12月1日ですが、甲の生命保険金の受取人となっていることから、相続の開始があったことを知った日は保険契約があることを知った日の令和6年9月10日と判定され、その日の翌日から10か月以内が相続税の申告書の提出期限となります。

(3) 丙

丙は、母が相続の放棄をしたことによって、相続の順位の変動があり、相続人であることを知った日は令和6年12月1日で、その日の翌日から10か月以内に相続税の申告書を提出しなければなりません。

● 相続税の申告期限

相続人	甲の相続開始日	相続の開始があったことを知った日	相続税の申告期限
母	令和6年8月16日	令和6年8月31日	令和7年6月30日
乙		令和6年9月10日	令和7年7月10日
丙		令和6年12月1日	令和7年10月1日

コラム

提出期限が休日祭日の場合

❶ 相続放棄・限定承認の申述期限

　相続の放棄や限定承認を選択する場合には、相続人は、自己のために相続の開始があったことを知った時から3か月以内に家庭裁判所に申述しなければならないとされています（民法915）。

　民法は、「日、週、月又は年によって期間を定めたときは、期間の初日は、算入しない。ただし、その期間が午前零時から始まるときは、この限りでない。」と定めています（民法140）。

　そのため、相続の開始があったことを知った時が、令和6年6月3日である場合で、相続人が相続の放棄や限定承認をしようとする場合には、原則として令和6年9月3日（火）までに家庭裁判所に申述しなければなりません。

　しかし、令和6年6月7日に相続の開始があったことを知った相続人は、令和6年9月7日（土）ではなく令和6年9月9日（月）が相続の放棄や限定承認の申述期限となります。このように、期間の末日が土曜日の場合、その翌日も日曜日で期間が終了しないこととなりますので、さらに翌日の月曜日までが熟慮期間となります。もちろん、さらに翌日の月曜日も祝日や振替休日である場合は、さらに翌日の火曜日までが熟慮期間となります。

　これは、民法は、「期間の末日が日曜日、国民の祝日に関する法律に規定する休日その他の休日に当たるときは、…期間は、その翌日に満了する。」（民法142）と定めているからです。

　国民の祝日に関する法律に規定する休日とは、いわゆる祝日や振替休日のことをいい、その他の休日とは、土曜日や年末年始がこれに該当します。国民の祝日は、休日と規定され、国民の祝日が日曜日に当たるときは、その日後においてその日に最も近い国民の祝日でない日を休日とするとしています。また、前日と翌日の両方を「国民の祝日」に挟まれた平日は休日となります（国民の祝日に関する法律3）。

　以上のことから、期間の末日が土曜日、日曜日、祝日などの場合は、相続の放棄や限定承認など3か月の熟慮期間は終了せず、その翌日に終了することとなります。

❷ 相続税の申告期限

　相続税の申告書の提出期限や納税等の期限が休日にあたる場合は、民法と同様の取扱いとされ、国税通則法において、国税に関する法律に定める申告の期限が、土・日曜日、国民の祝日に関する法律に規定する休日その他一般の休日に当たるときは、これらの日の翌日をもってその期限とみなすこととされています（通法10②）。

　したがって、相続の開始があったことを知った日の翌日から10か月以内の日が休日に当たる場合には、その休日の翌日が相続税の申告期限とみなされることになり、その日（その休日の翌日）までに申告すればよいことになります。

＜国税通則法10条2項＞

　国税に関する法律に定める申告、申請、請求、届出その他書類の提出、通知、納付又は徴収に関する期限（時をもって定める期限その他の政令で定める期限を除く。）が日曜日、国民の祝日に関する法律に規定する休日その他一般の休日又は政令で定める日に当たるときは、これらの日の翌日をもってその期限とみなす。

※　政令で定める日は、土曜日又は12月29日、12月30日若しくは12月31日としています（通令2②）。

第1章 個人編-⑳

養子縁組後の代襲相続

担当者

今日は養子縁組のご提案に伺いました。社長は今年68歳、お父様は93歳になりますので、お2人とも万が一の相続が心配です。社長にはご家族がいらっしゃらないので、お姉様の息子さんをお父様と社長と両方の養子に入れてはどうかと考えます。

そんな対策があるんだね。詳しく教えてくれ。

社長

担当者

甥御さんは成人されているので養子縁組は問題ありません。お母様はすでに他界されているので、お父様の意思決定能力にさえ問題なければ、役所の届出をすることで養子縁組が可能です。お姉様の苗字は確か○○ですよね。△△に苗字が変わることに心配はありませんか。

甥はまだ結婚してないから、苗字は問題ないと思うけど、一度聞いてみるよ。もし私が、父より先に逝ってしまうようなことになったらどうなるのかな。

社長

担当者

社長の財産はもちろん、養子の甥御さんがすべて相続することになります。お父様に相続権はありません。逆流させないためにもその方がいいと思います。その後のお父様の相続の際には、甥御さんは養子としての立場と、社長の代襲相続人としての立場と二重の立場を持つことになります。

そのとき姉の相続分はどうなるのかな。

社長

担当者

甥御さんは、お父様の養子としての立場では法定相続分は1/3となります。社長の代襲相続人としての立場でも1/3なので合計すると2/3ですね。お姉様の法定相続分は1/3ですね。結局、今回のケースではどのような経緯をたどっても最終的に甥御さんに相続財産がすべて集約されることになると思いますので、養子縁組はいい対策ではないでしょうか。

ポイント

子が先に亡くなるような親不孝ケースで、財産が親に逆流するケースが発生すると、同じ相続財産に何回も相続税が課税されることになり、次の世代にとっては不利になることが考えられます。したがって、そのようなことがないように養子縁組を有効に活用しましょう。

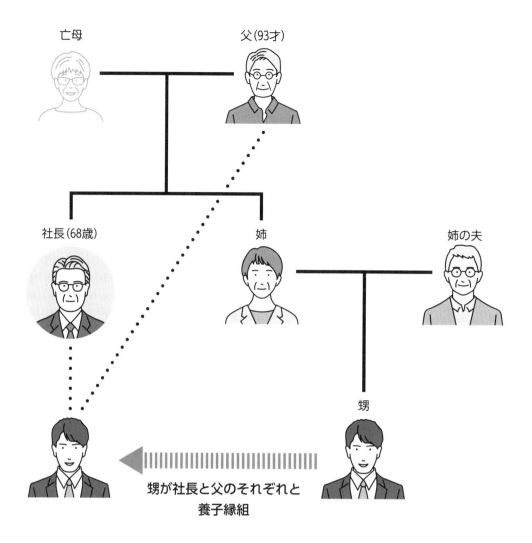

1 民法上の養子縁組

　民法上の「普通養子縁組」は、次の要件を満たしていれば、市町村役場に届出を提出することにより成立します。

① 養親となる人は20歳以上であること。
② 養子となる人が未成年で、養親となる人が夫婦の場合は、夫と妻が一緒に縁組しなければならない。
③ 養子となる人が未成年の場合には原則として事前に家庭裁判所の許可の審判を受けること。
④ 養子となる人が15歳未満の場合、その法定代理人が代わりに承諾すること。
⑤ 養子となる人が結婚している場合、配偶者の同意を得なければならない。
⑥ 養親から見て年上の人や、年下であっても尊属は養子にできない。
⑦ 後見人が被後見人を養子とする場合は、家庭裁判所の許可を得ていること。

2 養子縁組と相続税

(1) 2割加算

　上記の家系図を見ると、父の財産が甥に行き着くまでに何回も相続税が課税されることになります。したがって、養子縁組を行って、世代を飛ばして相続させた方が有利だということがわかると思います。ただし、孫への相続の場合、相続税の2割加算が適用されることになります。一方、孫養子が代襲相続人となるケースでは2割加算は適用されません。

(2) 基礎控除、生命保険金・死亡退職金の非課税限度額

　相続税には、相続人の最低限の生活保障を確保するために基礎控除や非課税限度額が設けられています。計算式は次のとおりです。

> 基礎控除額＝3,000万円＋600万円×法定相続人の数
> 生命保険金の非課税限度額＝500万円×法定相続人の数
> 死亡退職金の非課税限度額＝500万円×法定相続人の数

　ただし、養子縁組をすると際限なく法定相続人の数を増やすことができることになり、相続税の軽減が可能になってしまいます。そこで、民法上は養子縁組の数に制限はありませんが、相続税法上は「実子がいる場合は1人まで、実子がいない場合は2人まで」と計算上、法定相続人の数に制限を規定しています。

(3) 相続税の総額の計算

　相続税の計算は、課税価格から上記の基礎控除を控除して、課税遺産総額を計算します。その後、これを「法定相続分で相続取得したものとして各法定相続人ごとに税率をかけて相続税額を計算」します。これらを合計したのちに、実際の相続取得分で按分することになります。ここで、上記の下線部分の計算時点で養子の数は制限されることになります。前述のとおり「実子がいる場合は1人まで、実子がいない場合は2人まで」と法定相続人が制限されることになります。

3 相続税の計算例（二重相続資格者）

父より社長が先に亡くなった場合の父の相続時の相続税額は次のとおりです。

【父の正味の遺産額（課税価格）1億円を法定相続分で分割したケース】

法定相続人：姉、養子（＝代襲相続人＝甥）・・・2人

課税価格：99,999千円（＝各相続人が分割取得した合計）

  姉：100,000千円×1/3＝33,333千円

  養子（甥）：100,000千円×2/3＝66,666千円

基礎控除：42,000千円＝30,000千円＋6,000千円×2人

課税遺産総額：57,999千円＝99,999千円－42,000千円

相続税の総額の計算：57,999千円の法定相続分に応じた取得金額

  姉：57,999千円×1/3＝19,333千円

  養子（甥）：57,999千円×2/3＝38,666千円

相続税の総額の基となる税額の計算

  姉：19,333千円×15％－500千円＝2,399,950円

  養子（甥）：38,666千円×20％－2,000千円＝5,733,200円

相続税の総額

 2,399,950円＋5,733,200円＝8,133,100円（100円未満切捨て）

各人の算出税額（実際の遺産分割の割合）

  姉：8,133,100円×0.33＝2,683,923円

  養子（甥）：8,133,100円×0.67＝5,449,177円

  ※小数点2位未満の端数を甥で調整

相続税額の2割加算

  養子（甥）：子の代襲相続人としての立場により取得したものとして適用なし。

納付すべき税額

  姉：2,683,900円（100円未満切捨て）

  養子（甥）：5,449,100円（100円未満切捨て）

第1章　個人編-㉑

共有不動産（土地）の解消

担当者：当事務所に相続対策のご相談をいただきありがとうございます。早速ですが、お持ちの不動産のうち、15年前に先代から相続された土地ですが、現状は妹さんと共有された状態なのですね。

社長：そうなんだ。ただ、妹夫婦は定年後に地方へ移住したいと考えているようで、そうなると、住む場所も遠く離れて今までより連絡も取りにくくなりそうで、ずっと共有したままでいいのかなと気になっていたんだ。

担当者：共有された状態の不動産は売却が難しかったり、万が一、妹さんに相続が発生した場合に共有者が増えてしまうおそれがあるなど、あまりお薦めできません。社長はこの共有不動産以外にも土地や資金をお持ちですので、この機会に共有状態を解消されてはいかがでしょうか。

社長：なるほど。具体的にはどんな方法があるのかな？

担当者：税金の面では、妹さんの共有持分を、社長が持っている別の土地と交換する方法であれば、特例で妹さんの負担する税金が軽減され、手取りが多くなるのでお話合いが進みやすいと思います。ただし、交換する土地には条件があり、もし条件に合う土地がない場合は、社長が妹さんから共有持分を買い取る方法もあります。

ポイント　共有不動産は有効活用が制限される可能性があるため、共有者に相続が発生する前に解消しておきましょう。「固定資産の交換の特例」の適用を受けることできれば、譲渡所得にかかる税金を軽減できます。

1　固定資産の交換の特例とは

固定資産である土地や建物を同じ種類の資産と交換したときは、譲渡がなかったものとする特例を、固定資産の交換の特例といいます。

土地、借地権、耕作権、建物、機械及び装置などの固定資産をこれらと同種の固定資産と交

換し、交換によって取得した新しい資産を交換によって譲渡した資産の交換直前の用途と同じ用途に使用した場合で、かつ、交換の時における取得した資産の価額と譲渡した旧資産の価額との差額がこれらの価額のうち多い方の金額の20％以内のときは、交換によって受け取った交換差金などについてのみ課税されます。ただし、その差額が高い方の資産の価額の20％を超える場合は、交換した資産全体について特例の適用が受けられませんのでご注意ください。

<交換差金への課税>
（1）交換差金などを受け取らない場合は、課税されません。
（2）交換差金などを受け取った場合、次の収入金額から必要経費を差し引いて、課税対象となる譲渡所得の金額を計算することになります。
　① 収入金額＝相手方から受け取った交換差金など
　② 必要経費＝（交換により譲渡した資産の取得費＋譲渡費用）×受け取った交換差金などの額㋐／（㋐＋交換により所得した資産の時価）
　課税対象となる譲渡所得の金額　＝　①　－　②

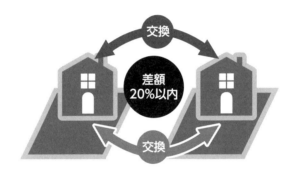

2 共有持分の譲渡

　固定資産の交換の特例の適用が受けられず、共有持分を買い取る側（今回の場合は社長）に資金があれば、譲渡を受ける方法があります。譲渡の場合は、譲渡対価を受け取った側（今回の場合は妹）の譲渡所得に対して次のように課税されます。なお、取得費がわかる資料がない場合は、譲渡価額の5％を取得費として計算することができます。

譲渡価額 －（取得費＋譲渡費用）－ 特別控除額（一定の場合）＝ 課税譲渡所得金額
課税譲渡所得金額×20.315％（長期譲渡所得の場合）＝税額

第1章 個人編-22

道路拡張などによる土地の収用

担当者: 社長、所有されているアパートの入居率が低くなっているようですが、提携する不動産会社と協力して対策をご提案させていただいてもよろしいでしょうか。

社長: あのアパートね。実は道路拡張のために市役所から収用の話が来ているの。渡りに船というか、老朽化してきて入居率も低くなっていたので、この際、収用してもらおうと思っているんです。

担当者: そうなんですね。収用されたら、どこか交換の土地は提案されているのでしょうか？

社長: 実はそのことを相談したかったんです。現金で収用してもらうか、代替の土地を用意してもらうのか、どちらがよいのか迷っていて。不動産価値については、私が判断するとして、税金でどんな違いあるのかを教えてほしかったんです。

担当者: わかりました。税額をシミュレーションするために、今、市役所から提案を受けておられる条件を教えていただけないでしょうか。

ポイント 収用等の場合の課税の特例には、5,000万円特別控除の特例と課税繰延べの特例があります。譲渡所得が5,000万円以下の場合は、特別控除を選択すれば課税がありませんが、譲渡所得が多額となる場合は、課税繰延べの特例も検討しましょう。

1 5,000万円特別控除の特例

収用等により資産を譲渡した場合において、その譲渡が事業施行者等から最初に買取り等の申出があった日から6か月以内に行われている場合など、一定の要件を満たすときは、その資産の譲渡所得等から5,000万円の特別控除が受けられます。

<主な適用要件>
- 土地収用法、河川法、都市計画法、都市再開発法、土地改良法、所有者不明土地の利用の円滑化等に関する特別措置法等の規定に基づいて収用されて補償金を取得するときの譲渡等に該当すること。
- その年中の収用交換等により譲渡した資産のいずれについても、収用等に伴い代替資産を取得した場合の課税の特例及び交換処分等に伴い資産を取得した場合の課税の特例の適用を受けないこと。
- 最初に買取り等の申出があった日から6か月を経過した日までに譲渡したこと。

2 課税繰延べの特例

収用等により、土地や借地権、建物などの資産を譲渡し、補償金などの全部で代替資産を取得した場合や、補償金等の代わりに収用等をされた資産と同種の資産だけをもらった場合には、課税されません。また、補償金等の一部で代替資産を取得した場合には、残りの補償金等の部分についてのみ課税されます。なお、代替資産を取得した場合には取得費を引き継ぐことになる点は注意してください。

1	収用等に伴い代替資産を取得した場合の課税の特例（措法33）	土地収用法等による収用を背景として土地、借地権、建物等が、特定の公共事業のために収用、買取り、消滅、取壊し等をされて補償金を取得し、その補償金で収用等のあった年の前年中、収用等のあった年中又は収用等のあった日から2年以内に代替資産を取得し、又は取得する見込みである場合 ※工場等の建設等、通常1年を超えると認められる事情がある場合には収用等のあった日の前年以前3年（収用等により譲渡することが明らかになった日以後に限る。）。
2	交換処分等に伴い資産を取得した場合の課税の特例（措法33の2）	収用等により、補償金に代えて収用等をされた資産と同種の資産を取得した場合
3	換地処分等に伴い資産を取得した場合の課税の特例（措法33の3）	土地区画整理事業や土地改良事業による換地処分、市街地再開発事業やマンション建替事業による権利変換により代わりの土地や建物の一部を取得する権利を取得した場合

第1章 個人編-㉓

保険を活用した老後対策

担当者: 関連会社のM&Aでの売却の件、無事にクロージングまで完了してよかったですね。

社長: 先生に良い仲介会社さんを紹介してもらえたおかげで助かりました。また、購入してくださったのが上場企業なので、従業員の雇用も維持してもらえそうだし、ホッとしております。私もこれでようやく事業から引退できそうです。

担当者: お役に立てて幸いです。今回の売却による譲渡所得にかかる納税額は資料のとおりです。納税後にお手元に残る資金をご確認ください。

社長: ありがとう。この資金でこれから安心して暮らせるように有料老人ホームに入居しようと思います。

担当者: そうなんですね。では、ご提案ですが、この資金の一部を使って生命保険に加入されてはいかがでしょうか。生存給付金のある保険や年金保険など定期的に保険金が支払われる商品もあります。保険金を有料老人ホームの支払にも充当できるので安心です。

社長: なるほど。いろんな保険があるんですね。

担当者: もしよろしければ、提携保険会社をご紹介させていただきますのでお気軽にご相談ください。

ポイント　高齢で法人を売却された場合の資金の用途は、安心して老後生活が送れることを優先しましょう。有料老人ホームに入居される場合もありますので、生存給付金付の生命保険や一時払いの生命保険、年金保険などに加入し、手堅く運用されるのもよいでしょう。

1 非上場株式の譲渡所得にかかる税金

非上場株式の譲渡所得にかかる税金は次のとおりです。M＆Aの仲介会社に支払った仲介手数料は、委託手数料として必要経費に算入できます。

> 譲渡価額－必要経費（取得費＋委託手数料等）＝課税譲渡所得金額
> 課税譲渡所得金額×20.315％（長期譲渡所得の場合）＝税額

2 生存給付金付終身保険の活用

(1) 一時払い生存給付金付終身保険の概要と贈与税の課税関係

この商品は、被保険者が生存給付金支払期間中に生存していた場合、毎年の生存給付金が指定された者に支払われます。受取人を家族などにすれば生前贈与をすることができ、自分が受取人であれば自分年金として活用することができます。

生前贈与に該当する場合の課税関係については、以下のような取扱いになります。

生存給付金付終身保険は、生存給付金の支払事由が生存給付金支払期間中の毎年の保険年度の終了時における被保険者の生存であるため、①生存給付金の支払請求権は毎年の保険年度の満了時にその都度発生することになり、生存給付金の受取人は毎年の保険年度の満了時までは、生存給付金について何ら権利を有さない、②生存給付金支払期間中における被保険者の死亡により生存給付金の支払事由が発生しなかった場合、被保険者が生存していた場合に支払われる残存期間に係る生存給付金については、死亡保険金の受取人に支払われます。

そのため、生存給付金を受け取る都度、贈与により取得したものとみなされます（東京国税局：平成27年5月28日事前照会に関する回答）。

(2) 生存給付金の受取人を家族にする

生存給付金付終身保険は、生存給付金の受取人を家族にすることで、将来意思能力を失うことになっても生存給付金が保険会社から契約に従って家族に支給され、生前贈与を継続することができます。

孫などを生存給付金の受取人とし、1回当たりの生存給付金の額を110万円以下に設定しておけば贈与税は課されません。また、孫などが被相続人（契約者）から相続又は遺贈によって財産を取得しなかったら生前贈与加算の対象にもなりません。

なお、保険期間中に被保険者が死亡した場合には、死亡保険金（基本保険金額－生存給付金額×生存給付金支払回数）が死亡保険金受取人に支払われます。死亡保険金を相続人が受け

取った場合には、相続税の課税対象となりますが、500万円×法定相続人の数に相当する非課税額があります。

(3) 生存給付金の受取人を自分にする

　自分を生存給付金の受取人としておけば自分年金として受け取ることができます。

　例えば、生存給付金は契約した日から1年以内に第1回目の生存給付金が支給され、支給回数も最長30回とするような設計も可能です。そのため、公的年金だけでは老人ホームの毎月の費用の支払が不足するのであればその差額を生存給付金で補うなどの活用が考えられます。

　その場合、毎年受け取る生存給付金は、雑所得として所得税の課税対象となります。

　さらに、死亡保険金を終身保険として一定額確保しておけば葬儀等の費用を準備することができます。

3　年金保険の活用

　公的年金だけでは不安で、施設に入居した場合の月々の支払の原資とすることが目的ならば、年金保険の活用も選択肢の1つです。ただし、年金保険で支給期間が10年間や20年間と決まっている場合には、いつから支給が開始されていつ終わるのかの設計の検討が必要です。また、年金保険が支払われるまで、一定期間の運用期間があることが多く、その場合は、すぐに年金を受け取れない点にご注意ください。なお、生存給付金付終身保険や年金保険には、一時払いの商品もあります。

第1章 個人編-24

小規模企業共済とiDeCoの併用

担当者: 今年の確定申告をさせていただいたときに気づいたのですが、社長はまだ50代でお若いので、将来への備えとして、小規模企業共済だけでなく、iDeCo（イデコ）にも加入されてはどうでしょうか。

社長: iDeCo？ 聞いたことはあるけど、社長でも大丈夫？ 何歳まで加入できるのかな？ 小規模企業共済とは何が違うのだろう？

担当者: iDeCoは社長でも65歳未満であれば加入できますし、小規模企業共済とも併用できます。小規模企業共済とは、加入資格や掛金が違いますが、iDeCoは個別の株式に詳しくなくても、投資信託、定期預金や保険商品もあるので運用しやすいというメリットがあります。

社長: なるほど。確かに私は忙しいので、掛金を設定するだけで運用を任せられるiDeCoは便利そうだな。

担当者: 資金運用しながら税金が軽減されますので、万が一、運用がうまくいかなかったとしても、節税額も運用益だと思えば気が楽です。

ポイント　小規模企業共済に加入している経営者は多いですが、iDeCoと併用できるという点は意外と知られていません。両制度ともに、掛金が全額所得控除されることや受取り時に税制メリットがあるという共通点があります。

1　小規模企業共済とiDeCoの違い

　iDeCoは、自分が拠出した掛金を、自分で運用し、資産を形成する年金制度です。掛金は65歳になるまで拠出可能であり、60歳以降に老齢給付金を受け取ることができます。iDeCoには、運用益が非課税となるメリットもあります。

　小規模企業共済は、国の機関である中小機構が運営している制度で、小規模企業の経営者や役員、個人事業主などのための積立てによる退職金制度です。小規模企業共済に加入できる企業規模は一定の要件がありますが、iDeCoは企業規模に関わらず加入できます。

2　小規模企業共済とは

（1）小規模企業の経営者・役員、個人事業主が加入できる

加入対象者はその名称のとおり、次のような一定の小規模企業の経営者等となります。

① 建設業、製造業、運輸業、サービス業（宿泊業・娯楽業に限る）、不動産業、農業などを営む場合は、常時使用する従業員の数が20人以下の個人事業主又は会社の役員
② 商業（卸売業・小売業）、サービス業（宿泊業・娯楽業を除く）を営む場合は、常時使用する従業員の数が5人以下の個人事業主又は会社の役員
③ 事業に従事する組合員の数が20人以下の企業組合の役員、常時使用する従業員の数が20人以下の協業組合の役員
④ 常時使用する従業員の数が20人以下であって、農業の経営を主として行っている農事組合法人の役員
⑤ 常時使用する従業員の数が5人以下の弁護士法人、税理士法人等の士業法人の社員
⑥ 上記①と②に該当する個人事業主が営む事業の経営に携わる共同経営者（個人事業主1人につき2人まで）

（2）掛金は加入後も増減可能で全額が所得控除

月々の掛金は1,000円～70,000円まで500円単位で自由に設定が可能で、加入後も増額・減額ができます。確定申告では、その全額を課税対象所得から控除できるため、高い節税効果があります。

（3）共済金の受取りは一括・分割どちらでも可能

共済金は、退職・廃業時に受取り可能で満期や満額はありません。共済金の受取り方法は「一括」、「分割」、「一括と分割の併用」の選択が可能です。一括受取りの場合は退職所得扱いに、分割受取りの場合は、公的年金等の雑所得扱いとなり、税制メリットもあります。

3　iDeCoとは

iDeCoは、自分が拠出した掛金を、自分で運用し、資産を形成する年金制度です。掛金は65歳になるまで拠出可能であり、60歳以降に老齢給付金を受け取ることができます。原則として、60歳にならないと個人別管理資産を引き出すことはできませんが、加入者等が一定以上の障害状態になった場合や加入者等が死亡した場合は、60歳前でも、障害給付金や死亡一時金を受給できます。

■小規模企業共済とiDeCoの違い

	小規模企業共済	iDeCo
共通点	●掛金の全額に所得控除がある。 ●受取り方法を選択できる。	
加入資格	一定の小規模企業の経営者や役員・個人事業主が対象となる制度です。加入資格は業種の従業員数により定められています。	原則、20歳以上65歳未満の国民年金加入者であれば加入できます。 ただし、農業者年金の被保険者や国民年金の保険料免除者は加入できません。
掛金	掛金は、月額1,000円〜70,000円で500円単位で設定できます。	掛金は月額5,000円〜68,000円で1,000円単位で設定できます。 なお、掛金の上限の金額は、国民年金の加入区分によって異なります（次ページ参照）。
手数料の有無	不要	加入時又は移管時に2,829円の手数料がかかり、毎月の手数料や還付手数料なども必要です。
貸付制度の有無	あり (貸付条件により異なりますが、利率は年利0.9%〜1.5%の低金利)	なし
解約条件	自己都合による任意解約が可能です。ただし、掛金納付月数が12か月未満の場合は解約手当金の支払がありません。	原則として60歳になるまでは引き出せません。 原則として途中解約はできませんが、一定の支給要件を満たす場合は、脱退一時金を受給できます。
元本割れの可能性	元本割れの可能性なし	運用方法を自分で選択するため、大きく資産を増やせる可能性もあれば、元本割れするリスクもあります。

iDeCoの拠出限度額について

加入資格		拠出限度額
（第1号被保険者・任意加入被保険者） 自営業者等 		月額**6.8万円** （年額 81.6万円） （国民年金基金または 国民年金付加保険料 との合算枠）
（第2号被保険者） 会社員・役員 ・ 公務員等	会社に企業年金が ない会社員	月額**2.3万円** （年額 27.6万円）
	企業型DC※1のみに 加入している会社員	月額**2.0万円**※3
	DB※2と企業型DC※1に 加入している会社員	月額**1.2万円**※4
	DB※2のみに 加入している会社員	月額**1.2万円** （年額 14.4万円）
	公務員	
（第3号被保険者） 専業主婦（夫）		月額**2.3万円** （年額 27.6万円）

※1 企業型DCとは、企業型確定拠出年金のことをいう。
※2 DBとは、確定給付企業年金（DB）、厚生年金基金、石炭鉱業年金基金、私立学校教職員共済をいう。
※3 企業型確定拠出年金（企業型DC）のみに加入する場合
　　月額5.5万円－各月の企業型DCの事業主掛金額（ただし、月額2万円を上限）
※4 企業型DCとDB等の他制度に加入する場合
　　月額2.75万円－各月の企業型DCの事業主掛金額（ただし、月額1.2万円を上限）

第1章 個人編−㉕

上場株の運用とNISAの活用

担当者：去年の確定申告の件ですが、多くの書類をご用意いただきありがとうございました。日経平均株価の上昇にうまく乗られて、譲渡所得がずいぶん増加しておられましたね。

社長：そうなんです。うれしいことに去年は日経平均株価がバブル後最高値を更新しましたからね。今年も日々変動するでしょうが、年間通して見ると株価も上昇傾向にあると思うので、今年はもっと積極的に株式に投資していこうと思っています。それにしても、株式の売買の確定申告は書類が多くて本当に面倒だね。

担当者：確かにそうですね。そこで実は社長に1つご提案があるのですが、現在、一般口座で運用されている株式ですが、今年から制度が大幅に拡充されたNISAか特定口座での運用をされてはいかがでしょうか。

社長：NISAですか。NISAは非課税枠も少額で5年間の期間限定で、使い勝手が悪いと思っていたのですが。また、特定口座のメリットは何ですか。

担当者：そのNISAなんですが、最近、税制改正がありまして、令和6年1月からは非課税枠が最大1,800万円、非課税期間が無制限に大きく拡充されたんです。長期保有目的の株式からでも、ぜひNISA口座で株式を運用されてはいかがでしょうか？
また、特定口座なら、確定申告の資料は、証券会社が作成する「特定口座年間取引報告書」をご用意いただくだけで済みますので、社長の手間が大幅に軽減されます。

社長：なるほど。では、今、保有している一般口座の株式を特定口座に移管してもらえばいいのですか？

担当者：残念ながら一般口座から特定口座への移管はできないしくみなんです。まずは特定口座を開設されて、今後、新規で購入される株式を特定口座で運用されるのが良い方法だと思います。

> **ポイント** 上場株式の売買などに一般口座を利用されている場合は、確定申告に必要となる書類も多くなり、資産運用の全容の把握が難しくなります。申告時のミスを予防するためにも、できるだけ特定口座やNISA口座での株式などの運用を提案しましょう。

1 特定口座と一般口座

　特定口座で証券や株式に投資されている場合には、運用額の全容を担当者でも容易に把握することができますが、一般口座を利用されている場合には、証券会社から年間取引報告書が発行されないため、株式での資産運用の全容把握が難しくなります。

　また、一般口座内の売買されていない株式について、配当所得がある場合は、配当証明書から保有する株数を推測できますが、配当がない場合は、株式保有の事実確認も困難になります。

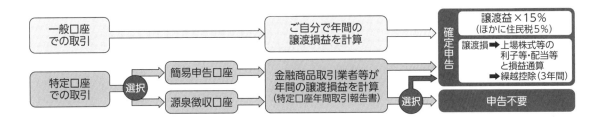

2 相続対策として上場株などの保有状況を把握するには

　確定申告だけでは、株式の時価がわからないため、相続対策として財産の把握を進めるためには、保有株式銘柄一覧表の作成を提案することが効果的です。株式投資に積極的な方は、複数の証券会社に口座を保有していることもあるので、証券会社ごとのポートフォリオ表を作成していただくことで、財産の全体像が把握しやすくなるでしょう。

　また、株式等の譲渡所得の計算においては、同一銘柄の株式等を2回以上にわたって購入し、その株式等の一部を譲渡した場合の取得費は、総平均法に準ずる方法によって求めた1単位当たりの金額を基に計算します。特に、頻繁に株式を売買されている場合には、一般口座でこの取得費の計算をするのは、非常に手間がかかるため、できれば、特定口座やNISA口座での売買に変更していただくようにアドバイスするのも大切です。

3 令和6年から大幅に拡充されたNISA

従来制度から非課税枠が大幅に拡充され、「つみたて投資枠」年120万と「成長投資枠」年240万の併用が可能となりました。さらに非課税保有限度額が1,800万円とされ、非課税保有期間は無制限となりました。

	つみたて投資枠 (特定累積投資勘定)	成長投資枠 (特定非課税管理勘定)
開設者(対象者)	口座開設の年の1月1日において18歳以上の居住者等	
非課税対象	非課税口座内の少額上場株式等の配当等、譲渡益	
口座開設可能期間	制限なし	
年間投資上限額	120万円	240万円
非課税保有期間	制限なし	
非課税保有限度額	1,800万円 ※簿価残高方式で管理(枠の再利用が可能)	
		内、1,200万円
投資対象商品	一定の投資信託	一定の上場株式・投資信託等
投資方法	契約に基づき、定期かつ継続的な方法で投資	制限なし

※つみたて投資枠と成長投資枠は併用可

コラム

特許権、著作権、営業権の相続

❶ 無体財産の評価

　財産評価基本通達では、特許権や著作権、営業権など次のような無体財産権の相続等があった場合の評価方法を定めています。

- ・特許権及びその実施権（財産評価基本通達140～145）
- ・実用新案権、意匠権及びそれらの実施権（財産評価基本通達146）
- ・商標権及びその使用権（財産評価基本通達147）
- ・著作権、出版権及び著作隣接権（財産評価基本通達148～154-2）
- ・鉱業権及び租鉱権（財産評価基本通達155～159）
- ・採石権（財産評価基本通達160）
- ・電話加入権（財産評価基本通達161）
- ・漁業権（財産評価基本通達163～164）
- ・営業権（財産評価基本通達165～166）

❷ 特許権の評価

　特許権とは、発明を保護するための権利です。特許権の存続期間は、特許出願の日から20年となっているため、権利が存続している間は、無体財産として、特許権者が亡くなった場合には、相続財産となります。

　特許権の評価は、発明自体に独創性が強いため認められる権利であり、他に類似するものがないため、売買実例によることはなく、次のような収益還元方式により評価します。

【毎年の補償金の複利現価による合計額】
第1年目の補償金年額×1年後の基準年利率による複利現価率＝A
第2年目の補償金年額×2年後の基準年利率による複利現価率＝B
第n年目の補償金年額×n年後の基準年利率による複利現価率＝N

A＋B＋…………＋N＝特許権の価額

※ 上の算式中の「第1年目」及び「1年後」とは、それぞれ、課税時期の翌日から1年を経過する日まで及びその1年を経過した日の翌日をいいます。
※ 受け取る補償金の額が確定していない場合は、経常的な収入金額を基とし、その特許権の需要や持続性などを参酌して推算した金額により算定します。なお、課税時期後において取得すると見込まれる補償金の額の合計額が50万円に満たないと認められる特許権については、評価はしないこととなっています。
※ 特許権は、共有することもできるため、持分に応じた相続も可能です。

❸ 著作権の評価

著作権者が亡くなった場合等には、著作権（著作者人格権を除く著作者の財産的利益を守る権利）が相続財産になります。著作権の保護期間は、原則として著作者の死後70年となっています。

著作権の価額は、著作者の別に一括して次の算式で評価されます。ただし、個々の著作物に係る著作権について評価する場合には、その著作権ごとに次の算式で評価されます。

年平均印税収入の額×0.5×評価倍率

※ 年平均印税収入の額は、課税時期の属する年の前年以前3年間の印税収入の額の年平均額とされます。ただし、個々の著作物に係る著作権について評価する場合には、その著作物に係る課税時期の属する年の前年以前3年間の印税収入の額の年平均額とされます。
※ 評価倍率は、課税時期後における各年の印税収入の額が「年平均印税収入の額」であるものとして、著作物に関し精通している者の意見等を基として推算したその印税収入期間に応ずる基準年利率による複利年金現価率とされます。

❹ 営業権の評価

営業権は事業の超過収益力で、のれんと呼ばれることもあります。営業権の実態が超過収益力であるならば、その価額は資本還元した価額により評価することとなります。

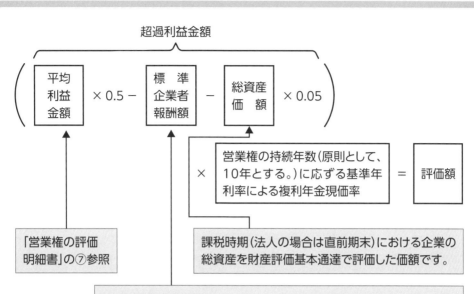

標準企業者報酬額表

平均利益金額の区分	標準企業者報酬額
1億円以下	平均利益金額 × 0.3 ＋ 1,000万円
1億円超　3億円以下	〃　　　　　× 0.2 ＋ 2,000万円
3億円超　5億円以下	〃　　　　　× 0.1 ＋ 5,000万円
5億円超	〃　　　　　× 0.05 ＋ 7,500万円

※　平均利益金額が5,000万円以下の場合は、標準企業者報酬額が平均利益金額の1／2以上の金額となるので、営業権の価額は算出されないことに留意してください。

※　平均利益金額は、原則として課税時期の属する年の前年以前3年間における所得の金額の合計額の1／3に相当する金額とされます。その所得の金額の計算の基礎に次に掲げる金額が含まれているときは、これらの金額は、いずれもなかったものとみなして計算した場合の所得の金額とされます。

イ　非経常的な損益の額
ロ　借入金等に対する支払利子の額及び社債発行差金の償却費の額
ハ　青色事業専従者給与額又は事業専従者控除額

コラム

相続で取得した資産の取得日・取得費

❶ 相続で取得した資産を売却するときの「取得日」

　資産を売却した場合の譲渡所得の計算においては、譲渡した年の1月1日までの所有期間で長期譲渡所得か短期譲渡所得かを判定することになります。相続で取得した資産を売却する場合の取得日は、被相続人の取得日がそのまま相続人に引き継がれます。

❷ 相続で取得した資産を売却するときの「取得費」

　相続で取得した資産を売却した場合の取得費は、原則として被相続人が買い入れたときの購入代金や購入手数料などを引き継ぎます。しかし、相続で引き継いだときに、購入価格を示す書類がない場合がよくあります。

　購入価格がわからない場合には、売却した金額の5％相当額を取得費とすることができます。また、実際の取得費が売却した金額の5％相当額を下回る場合についても、売却した金額の5％相当額を取得費とすることができます。例えば、不動産を3,000万円で売却した場合に取得費が不明のときは、売却した金額の5％相当額である150万円を取得費とすることができます。

❸ 金地金やプラチナ地金などの取得日を推測する方法

　金地金やプラチナ地金などであれば、バーに刻印されている製造番号から製造日や出荷日をたどり取得時期を推測することができると考えられます。コインの場合は、製造年が刻印されていれば、おおよその取得時期が推測できると考えられます。

❹ 土地の取得費を推測する方法

　土地の取得費を推測する方法として、以下のような方法があります。
① 市街地価格指数を用いて推測する
　平成12年11月16日の公表裁決で、原処分庁が取得費不明の宅地の価額について、

日本不動産研究所が公表している市街地価格指数を用いて、譲渡時の六大都市を除く市街地価格指数（住宅地）と取得時の当該価格指数の割合を乗じて計算した金額によった処分について、審判所も、この算定方法は、日本不動産研究所が公表した数値であり、市場価格を反映した近似値の取得費が計算でき、合理的であると認められるとしました。

② 路線価地域は路線価を基に時価を推測する

相続税の路線価は、平成4年分の評価から、評価時点をこれまでの前年7月1日の公示地価（基準地価）の70％程度の水準から、評価時点である当年1月1日に変更するとともに、1年間の地価変動などを考慮し、評価割合を公示地価（公示価格）の80％程度の水準を目途に評価することとしました。

そのため、路線価を基に70％又は80％で割り戻した金額を土地の時価として推測する方法が考えられます。

なお、路線価は、昭和30年から昭和47年までは3.3㎡当たり1,000円単位で表示されています。昭和48年以降は1㎡当たり1,000円単位の表示に変更されています。

③ 地価公示価格から推測する

地価公示価格から取得費を算定することについて、算定過程は合理的なものであるとする東京地裁（平成18年8月30日）判決もあります。

地価公示制度は、地価公示法に基づき国土交通省土地鑑定委員会が毎年1回標準地の正常な価格を公示し、一般の土地の取引価格に対して指標を与えるとともに、公共事業用地の取得価格算定の規準とされ、また、国土利用計画法に基づく土地取引の規制における土地価格算定の規準とされる等により、適正な地価の形成に寄与することを目的としています。

以上のように、取得費が不明な土地については、これらの方法によって時価を推測することも1つの選択肢と考えられます。

第2章 法人編

第2章 法人編-❶

なぜ、中小企業の事業承継は難しいのか

担当者

突然ですが、社長はなぜ世間で「中小企業の事業承継は難しい」と言われているのか、その理由をご存知でしょうか。

社長

うーん。事業承継っていう言葉はよく聞くんだけど…会社を後継者に引き継ぐことですよね。日々の会社の経営に比べたら、会社を誰かにあげることがそんなに難しいことだとは正直思わないけど。

担当者

今おっしゃったことが、まさに"事業承継"の問題なんです。簡単に申し上げると、大きく「人」と「お金」の問題があります。
社長のご家族に事業を承継できる方はおられますか。もしいなければ、従業員の方、又は会社を引き継いでくれる他の会社を探すことになります。
会社を引き継ぐためには、いったい今の会社の価値がどのくらいなのか、その価値を維持しながら会社の株式を移転するためのコストを低く抑える方法はないかなどを考えなくてはいけません。

社長

急に言われてもよくわからないわ。後継者に関してもどんな選択肢があるかとかまだ考えたこともないし。うちの会社の価値って株価のこと？ そんなに価値があるのかな。

担当者

社長はまだお若いですし、まだピンとこられない点はよくわかりますが、事業承継の問題をスムーズに解消するためには、かなりの「時間」が必要です。まずは一度、社長からご家族にお考えをお聞きになってみてはいかがでしょうか。会社の価値は税務上では自社株評価額と言いますが、こちらは我々が専門ですので、次回のご訪問の際に、御社の自社株評価額を概算で算出しお伝えできればと思います。

社長

やっぱりなんだかよくわからないけど。でも、事業承継がうまくいかなくて、うちの社員や家族が困るのは嫌だから、次のお正月に親戚が集まったときに家族の近況は聞いておくわ。それから、その自社株評価額っていうのも一応見せてもらうわ。

後継者の選択と育成、自社株評価の対策など、中小企業のスムーズな事業承継に向けて有効な対策を立案・実行するためには時間を要します。まだまだ若いと思われる社長であっても、機会を作って事業承継についてどのように考えているかを聞いてみましょう。

1 会社を誰が引き継ぐのか

会社を引き継いでいく先によって、事業承継は①親族内承継、②従業員承継、③M&A（社外への引継ぎ）の3パターンに分類されます。

① 親族内承継	現経営者の子をはじめとした親族に承継 ・心情面や、長期間の準備期間確保がしやすい、相続等による財産・株式の後継者移転が可能といった背景から所有と経営の一体的な承継が期待できます。
② 従業員承継	「親族以外」の従業員に承継 ・経営者能力のある人材を見極めて承継することができます。 ・長期間働いてきた従業員であれば経営方針等の一貫性を期待できます。
③ M&A（社外への引継ぎ）	社外の第三者（企業や創業希望者等）へ株式譲渡や事業譲渡により承継 ・親族や社内に適任者がいない場合でも広く候補者を求めることができます。 ・現経営者は会社売却の利益を得ることができます。

出典：中小企業庁ホームページ「事業承継を知る」

2 自社株評価の基本対策

事業承継に向けて自社株を後継者などへ移転する方法は、譲渡、贈与、相続があります。移転時にかかる多額の税負担を軽減するためには、自社株の相続税評価額の引下げや自社株の持株比率の引下げなどの対策の検討が必要です。

自社株の相続税評価額の引下げ対策としては、評価会社の配当金、利益、純資産を引き下げることが基本になります。例えば、2年間の配当金を低く抑える、高収益部門を分離させる、引当金・準備金・特別償却などを税法上の限度額まで引き上げる等の会計処理の見直し、役員賞与の増額、役員退職金の活用、評価会社の規模区分を大会社へアップさせるなどの手法があります。

自社株の持株比率の引下げ対策としては、例えば、自社株の生前贈与、従業員持株会の設立などの手法があります。

また、将来の相続税の納税資金を確保する対策としては、自社株を会社に売却する手法（金庫株）も考えられます。

第2章 法人編-❷

名義株式について

担当者: 申告書を作成する際に株主一覧を拝見していましたところ、見慣れない姓の方がおられましたが、どなたでしょうか。

社長: A氏のことですか？ その方はね、創業する際に発起人が足りなくてね、その当時付き合いのあった議員さんに頼んで入ってもらったんだよ。実際はもちろん出資していないんだけど。もう今は亡くなってるから、遺族とも全く音沙汰なしだけど、何か問題があるかね？

担当者: そうですね。もし遺族の方に、高額での株式買取りを要求されたりしたら困りますので、正しい株主構成にしておいた方がいいと思います。

社長: お金を出してもいないのにそんなこと言うのかね。じゃあ、名簿を書き換えてしまったらいいんじゃないか。

担当者: 勝手に株主名簿を書き換えたら、税務署が問い合わせてくるかもしれませんよ。この機会に、遺族の方に確認書をもらっておきましょう。

ポイント　自社株の相続対策を行う上で、株主の判定を正しく行っておくことが大前提となります。したがって、現実に出資金を拠出した人（真の株主）を確定させたうえで、自社株評価を行い、その後の相続対策を検討していくことが重要になります。

法人税申告書の別表2（同族会社の判定に関する明細）を確認

　まずは、法人税申告書の別表2で株主構成を確認します。この別表は、当該会社が「同族会社」に該当するかを判定するためのものですが、ここに記載されている内容が必ずしも真の株主であるという保証はありません。したがって、これをもとに社長から次のような内容をヒアリングし、事実と相違ないかを確かめましょう。真の株主を判定する際の判断材料として活用することができます。

(1) 原始定款、株主名簿の確認

　会社を設立する際には、定款を作成しています（原始定款）。15歳以上であれば発起人（株主）になれますので、当時の学生が記載されている可能性もあります。また、旧商法では、株式会社の発起人は7人以上が必要でした。したがって、名義借りをしていたケースも少なくありません。これらいずれも資本金の拠出の有無とは関係なく株主名簿に記載されることになりますので、真の株主を把握するための確認資料となります。原始定款が見つからない場合は、設立時の法人税申告書で代用することも考えましょう。

(2) 配当の有無

　現在までの間に配当が支払われていたかどうかも確認しましょう。もし、配当が支払われていて、その名義株主が確定申告により所得税還付を受けていたとしても、それをもって真の株主と認定されることはありません。なぜなら、その還付という事実が、所得の帰属を認定することとはイコールではないと考えられるからです。

(3) 異動の有無

　設立時と現在の株主構成が違う場合は、どのような異動があったかを把握する必要があります。その間に譲渡や贈与、相続があったのであれば、行為が契約書をもって正しく行われ、真の株主として自由に処分できる状態となっているかどうかを判断します。

(4) 議事録の有無

　名義株主が、株主として、実際に総会へ出席し、議事録へ押印していたのかどうかを確認します。どの印鑑を使用していたのか事実確認も行っておきます。

コラム

議決権の確認

　議決権割合の判定においては、議決権総数や各相続人等の保有議決権数の判定では、次の内容等について細心の注意が必要です。

① 評価会社が自己株式を有している場合
　自己株式に係る議決権の数を0として計算した議決権の数をもって評価会社の議決権総数とします。

② 定款で属人的定めをしている場合
　譲渡制限会社で、定款において属人的定め（会社法109②）をしている会社では、1株＝1個の議決権でない会社も存在します。そのため、最新の定款から議決権の定めに関する規定などの確認が欠かせません。

③ 遺産が未分割である場合
　自社株が未分割である場合において、各相続人ごとに、各々所有する株式数にその未分割の株式数の全部を加算した数に応じた議決権数を基に判定します。

④ 単元株制度を採用している会社の場合
　各株主は、原則として、株式1株に付き1個の議決権を有することとされていますが、単元株制度（定款により、一定の数の株式をもって1個の議決権を行使することができる一単元の株式とする制度）を採用している会社は、一単元の株式につき1個の議決権を有することとなりますが、議決権を有しない株式については、これを除外して評価会社の議決権総数を確定させた上で、納税義務者の議決権割合（評価対象株式を取得した後の割合）を確定させる必要があります。

⑤ 種類株式発行会社の場合（無議決権株式）
　無議決権株式は、議決権がないことから、原則的評価方式か特例的評価方式のいずれによって評価すべきかの判定における議決権割合を算定する株式数には算入されません。

⑥ 相互持合いとなっている会社の株式
　2つの会社がお互い、総株主の議決権の4分の1以上の株式を持っている場合などでは、議決権を行使することができない（会社法308①）とされています。評価会社の株式につき議決権を有しないこととされる会社があるときは、当該会社の有する評価会社の議決権の数は0として計算した議決権の数をもって評価会社の議決権総数と判定します。

第2章 法人編-❸

後継者への株式の移転について

担当者: 社長、自社株の件ですが、会長が保有されている株式数が圧倒的に多いですね。事業承継に向けて、今後この株式をどのような方法で引き継いでいくのか話はできているのでしょうか。

社長: それが、全然できていないんだよ。社長の私が当然、引き継ぎたいのだが、こちらから相続とか贈与の話題は、話しにくくてね。君から何となく聞いてもらえないかな。

担当者: わかりました、一度話してみます。手放したくない理由があるのかどうかもお聞きしてみます。会長との話ができるように、日程調整していただいてもよろしいでしょうか。

社長: ああ、わかったよ、私も同席して会長の考えを一緒に聞くよ。よろしく頼むね。

> **ポイント**
> 後継者に株式を移転する方法は、譲渡、贈与、相続の3つです。譲渡の場合は、後継者に直接譲渡するケースと、後継者が出資した持株会社などへ譲渡するケースの2つが考えられます。移転するタイミングによって株価や税額も異なります。また、譲渡の場合は購入側の資金手当も必要です。双方に無理のない方法を検討する必要があります。

1 自社株を譲渡等する場合の株価

自社株を譲り受ける者が、個人か法人か、又は同族株主等で支配権を有する者か否か、によって譲渡等をする自社株の時価が異なります。

そこで、株式移動パターン別の課税関係について簡潔に確認します。

(1) 贈与・相続による自社株の移転

自社株の評価方法の判定は、相続税が遺産取得者課税方式によっていることから、贈与・相続の場合には、贈与（相続）を受ける者が誰か、また、取得後の議決権などの状況において原則的評価方式か特例的評価方式によって判定するかが決まります。

そのため、贈与者が同族株主以外の株主であっても、取得者（受贈者）が支配権を有する同族株主等である場合には、原則的評価方式によって自社株を評価することになります。

【株式の取得者ごとの評価方法】

所有者 (贈与者又は被相続人)	移動	取得者 (受贈者又は相続人等)	評価方法
同族株主等	⇒	支配権を有する同族株主等	原則的評価方式(類似業種比準価額又は純資産価額)
同族株主等以外の株主			
同族株主等	⇒	上記以外の株主 (同族株主等以外の株主)	特例的評価方式(配当還元価額)
同族株主等以外の株主			

しかし、取得者(受贈者)が同族株主でも支配権を有しない株主への贈与又は相続であれば、特例的評価方式によって自社株を評価することができます。

相続対策にかけることのできる時間が短い場合には、親族の中から特例的評価方式によって贈与できる対象者を緊急避難先として選定し、贈与を検討することになると思います。

なお、譲渡制限会社(株券不発行)の株式の贈与を行う場合の手続について、以下に一覧表にまとめてありますので、手続の不備がないよう注意してください。

● 譲渡制限会社(株券不発行)の場合における株式の贈与に伴う手続一覧

	贈与者	受贈者	会　社
贈与の意思等	贈与の意思表示	受諾の意思表示	―
譲渡承認申請	贈与による譲渡承認申請	―	申請受理
承認機関での審議	―	―	承認機関で審議
譲渡承認通知	通知書受理	―	承認通知書発送
贈与契約書	契約書に署名・捺印	契約書に署名・捺印	―
株券名義変更	―	会社へ書換申請	申請受理
株主名簿	―	書換完了通知書受理	株主名簿書換及び通知
贈与税の申告	―	申告及び納税	―
法人税申告書	―	―	別表第二株主名簿変更
株主総会	―	株主総会において 権利行使	株主総会の通知
配当金	―	所得税の確定申告 (配当所得の申告)	株主へ支払

(2) 自社株の売買による移転

　非上場株式の売買に当たって留意すべきことは、適正な時価でもって行わなければ、課税上の問題が生じる点です。

　公開会社であれば、その売買価額が「適正な時価」であるかどうかについては取引相場などから明らかになります。一方、非公開会社の場合には、その売買当事者が純粋な第三者であれば、その価額は税務上、経済的合理性がある価額と推定されるものの、発行会社と同族関係者との間の取引となると、その価額が恣意的になる可能性があり、「適正な時価」が問題となります。そこで、譲渡対価については課税上弊害がない場合に限り、以下の表に掲げる方法によって算定することができます。

売主 → 買主	売　主	買　主
個人 → 個人	相続税評価額	相続税評価額
個人 → 法人	所得税法上の時価	法人税法上の時価
法人 → 個人	法人税法上の時価	所得税法上の時価
法人 → 法人	法人税法上の時価	法人税法上の時価

① 個人から法人へ株式を譲渡する場合

	ケース1		ケース2	
	売主：個人	買主：法人	売主：個人	買主：法人
株主の区分（※1）	同族株主等	同族株主等以外	同族株主等以外	同族株主等
評価額	（※2）800円	50円	50円	（※3）800円
評価方法	原則的評価	特例的評価	特例的評価	原則的評価

（※1）　売主の個人が「同族株主」に該当するかどうかは譲渡前の保有株式数で、買主の法人が同族株主に該当するか否かは譲渡後で判定される。
（※2）　所基通59-6によって算出した価額
（※3）　法基通9-1-14によって算出した価額

　ケース1の場合、売主の時価は800円で、買主の時価は50円です。この場合に買主の時価50円で譲渡すると、売主である個人の時価の1/2未満の価額で株式を譲渡したことになり、時価（800円）で譲渡したものとして所得税が課されます（所法59①二）。

　一方、買主である法人は時価（50円）以上で株式を購入していることから法人税の課税は生じないものと考えられます。

　以上のことから、売主及び買主双方が税務上の不利益を受けないと考えられる売買価額は400円（800円×1/2）以上800円以下となります。

ケース2の場合、売主個人の時価は50円ですので、50円以上で譲渡すればみなし譲渡課税は行われません。一方、買主法人の時価は800円なので、50円で取得した場合には、その差額について法人税が課されます。そのため、買主法人の時価800円で譲渡すれば税務上の問題は生じないものと考えられます。

② 法人から個人へ株式を譲渡する場合

	ケース1		ケース2	
	売主：法人	買主：個人	売主：法人	買主：個人
株主の区分（※1）	同族株主等	同族株主等以外	同族株主等以外	同族株主等
評価額	（※2）500円	150円	150円	（※3）500円
評価方法	原則的評価	特例的評価	特例的評価	原則的評価

（※1） 売主の法人及び買主である個人が「同族株主」に該当するかどうかは譲渡後で判定される。
（※2） 法基通9-1-14によって算出した価額
（※3） 所基通59-6（個人が売主である場合の通達であるため、買主であるときは、譲渡後の議決権の状況で同族株主等を判定される）によって算出した価額。

　ケース1の場合、売主である法人は、営利を目的として取引することが前提であることから、時価（500円）未満の価額で株式を譲渡した場合には、時価と譲渡対価との差額部分に対して法人税が課されます。買主である個人は時価（150円）以上で取得すれば、法人から利益を得たものとされないため、課税上の問題は生じません。

　ケース2の場合、売主である法人の時価（150円）以上で譲渡すれば、法人については通常の譲渡益に対する課税が生じるに過ぎません。一方、買主である個人は、時価（500円）未満で株式を取得すると、その差額について法人から利益を得たものとして所得税が課されます。

　以上のことから、ケース1及びケース2において、売主及び買主双方が税務上の不利益を受けない売買価額は500円となります。

③ 法人から法人へ株式を譲渡する場合

	ケース1		ケース2	
	売主：親会社	買主：子会社	売主：子会社	買主：親会社
株主の区分（※1）	同族株主等	同族株主等以外	同族株主等以外	同族株主等
評価額（※2）	500円	150円	150円	500円
評価方法	原則的評価	特例的評価	特例的評価	原則的評価

（※1） 法人が「同族株主」に該当するかどうかは譲渡後で判定される。
（※2） 法基通9-1-14によって算出した価額

　ケース1の場合、売主である親会社は、営利を目的として取引することが前提であることから、時価（500円）未満の価額で株式を譲渡した場合には、時価と譲渡対価との差額部分に対して

法人税が課されます。買主である子会社は時価（150円）以上で取得すれば、親会社から利益を得たものとされないため、課税上の問題は生じません。

ケース2の場合、売主である子会社の時価（150円）以上で譲渡すれば、通常の譲渡益に対する課税が生じるに過ぎません。一方、買主である親会社は、時価（500円）未満で株式を取得すると、その差額について子会社から利益を得たものとして法人税が課されます。

以上のことから、ケース1及びケース2の場合において、売主及び買主双方が税務上の不利益を受けない売買価額は500円となります。

コラム

自社株贈与の納税猶予と相続時精算課税

　非上場株式等の価額が上昇傾向にある場合には、非上場株式等についての贈与税の納税猶予の適用以外の選択肢として、相続時精算課税によって後継者へ一括して贈与することも考えられます。

　相続時精算課税は、贈与者は60歳以上の父母又は祖父母、受贈者は18歳以上の推定相続人である子（代襲相続人を含む）又は孫であれば適用を受けることができます。そのため、60歳以上の親又は祖父母から、18歳以上の子又は孫への承継であれば相続時精算課税贈与の適用を受けることができます。

　相続時精算課税の適用を受けて非上場株式等を贈与すれば、多額の贈与額であっても基礎控除額（110万円）及び複数年にわたり利用できる特別控除額2,500万円の控除後の金額に対して一律20％の税率で計算して贈与税額を求めることになるため、贈与税の負担は軽減されます。そして、贈与者が死亡したときには、贈与を受けた時の価額で贈与者の相続財産に加算され、相続税によって精算されることとされています。そのため、非上場株式等の価額が値上がりする前に相続時精算課税によって贈与をしておけば贈与時の価額で固定させる効果が得られます。

　しかし、非上場株式等についての贈与税の納税猶予の適用を受けないで相続時精算課税による贈与を選択した場合、非上場株式等についての相続税の納税猶予の適用を受けることができないことに留意しておかなければなりません。

　一方、非上場株式等についての贈与税の納税猶予を受けると、贈与を受けた非上場株式等は原則としてその後、自由に譲渡等をすることができなくなります。譲渡等をした場合には、納税猶予が取り消され猶予されている税額及び利子税の負担が生じることになります。

　以上のようにそれぞれ一長一短がありますので、いずれの方式を選択するか慎重な判断が必要です。

● 贈与税の納税猶予（特例措置）と相続時精算課税の比較一覧表

	非上場株式等についての贈与税の納税猶予		相続時精算課税
	暦年課税	相続時精算課税	
対象会社（株式等）	特例認定贈与承継会社に該当する会社（都道府県知事による認定が必要）		要件なし
贈与者の要件	会社の代表権を有していた者など一定の要件を満たす者（年齢要件はない）	会社の代表権を有していた者など一定の要件を満たす者（親族外の者も対象・年齢要件は右欄に同じ）	贈与年の1月1日時点で、60歳以上の父母又は祖父母
受贈者の要件	18歳以上で代表権を有していることなど一定の要件を満たす者（親族外の者も対象）	18歳以上で代表権を有していることなど一定の要件を満たす者（親族外の者も含む・年齢要件は右欄に同じ）	贈与年の1月1日時点で、18歳以上の推定相続人である子（代襲相続人を含む）又は孫
贈与財産	一定の非上場株式等（贈与する株式数などの要件がある）		贈与する財産の種類・株式数などに制限はない
贈与税の税率	10%〜55%	20%	20%
納付税額	暦年贈与によって計算した贈与税は全額猶予される	贈与財産の価額の合計額から、基礎控除額（110万円）及び複数年にわたり利用できる特別控除額（限度額：2,500万円。ただし、前年以前において、既にこの特別控除額を控除している場合は、残額が限度額となります。）を控除した後の金額に、一律20%の税率を乗じて算出した贈与税は全額猶予される	贈与財産の価額の合計額から、基礎控除額（110万円）及び複数年にわたり利用できる特別控除額（限度額：2,500万円。ただし、前年以前において、既にこの特別控除額を控除している場合は、残額が限度額となります。）を控除した後の金額に、一律20%の税率を乗じて算出した贈与税を納付
納税猶予取消時の贈与税	累進税率で贈与税が課されているため、納付する贈与税負担が多額になる。ただし、利子税も必要。	暦年贈与と比較して納付する贈与税は少ない。ただし、利子税も必要。	―
特例受贈非上場株式等以外の財産の贈与	暦年贈与によって課税される	相続時精算課税として課税される	相続時精算課税として課税される
贈与者が先に死亡	贈与を受けた時の価額で相続財産に加算され、猶予されている贈与税は免除される		贈与を受けた時の価額で相続財産に加算される
相続税の申告（贈与者が先に死亡した場合）	相続により取得したものとみなし、非上場株式等についての相続税の納税猶予を選択することができる		納付した贈与税は相続税から控除され、控除しきれない金額は還付されるが、相続税の納税猶予を選択することはできない
手続	都道府県知事による認定＋税務署へ贈与税の納税猶予などの申告が必要。また、贈与者の相続開始までの一定の間、定期的に継続届出書などの報告義務がある	左記の手続に加えて、贈与を受けた翌年3月15日までに、「相続時精算課税選択届出書」の提出と贈与税の申告が必要	贈与を受けた翌年3月15日までに、「相続時精算課税選択届出書」の提出と贈与税の申告が必要

第2章 法人編-④

後継者がいない会社
～M&Aを検討～

担当者

社長、毎期利益が順調に出ているので純資産額が大きくなっています。株価がどんどん上がっていくのはご存じでしょうか。

そうなのか。今でどれくらいの価値があるのだろうか。一度、株の価値を出してもらえないかな。現状がきっちり分かったうえでどうすればいいのかを考えていきたいのでお願いしたい。

社長

担当者

わかりました。社長が現状分析できるように、現在の株価を次回のご訪問までに算出しておきます。株価をご確認いただいた上で、これから社長がこの会社をどのように承継されていきたいかも含めて、ご一緒に考えて対応策をご提案できればと思います。

そうだね、そろそろ、先のことも考えていかなきゃいけない時期なのかな。ただ、私の場合は、息子はいるがアメリカで結婚して暮らしているのでもう帰ってこないんだ。

社長

担当者

そうなんですね。社長が創業した会社は、純資産額が大きい優良会社になっています。後継者がいない場合は、M&Aも視野に入れて考える必要があるかもしれません。もし方向性が決まれば、当事務所で対応させていただきますので、よろしくお願いいたします。

ポイント

法人の決算書で純資産額が大きくなっている会社は、株価が高額になっています。今後、社長は会社をどのような方向で引き継いでいきたいのか、もし適切な後継者がいない場合はM&Aでの検討も含めて提案してみましょう。

1 純資産額が１億円以上の会社をピックアップ

　例えば、顧問先の中から、法人の決算書を見て純資産額が１億円以上の会社をピックアップし、事業承継対策やM＆Aの提案を検討してみましょう。

① 事業承継に向けた後継者候補の提案

　会社に在籍している社長の親族の有無を確認しておきましょう。次に、社内に親族外で後継者候補となる人物がいないかを確認します。社内にいない場合は、外部人材から後継者候補を確保して提案する方法もあります。

② M＆Aでの会社売却の提案

　現況における一定規模以上のM＆A提案候補企業について、株式の評価額の算定基礎となる数値を入力して概算評価額を算定し、提案を検討してみましょう。

2 M＆Aで会社を売却するときの企業価値

　M＆A仲介会社が介在する場合は、株価評価額は仲介会社方式（次表のインカム・アプローチとネットアセット・アプローチの折衷法）となることが多いようです。長期譲渡所得にかかる税率は20.315％となります。

　M＆Aによる売却は、純資産額が大きく株価が高い会社への提案がお薦めです。また、従業員の雇用や仕入先との取引などの面でも、譲受会社が引き続き経営をしていくので安心です。

【企業評価アプローチと評価法】

評価アプローチ	評価法
インカム・アプローチ	フリー・キャッシュ・フロー法 調整現在価値法 残余利益法 その他 　配当還元法 　利益還元法（収益還元法）
マーケット・アプローチ	市場株価法 類似上場会社法（倍率法、乗数法） 類似取引法 取引事例法（取引事例価額法）
ネットアセット・アプローチ	簿価純資産法 時価純資産法（修正簿価純資産法） その他

出典：「企業価値評価ガイドライン」（日本公認会計士協会）より

第2章 法人編-❺

法人が会社をM＆Aで購入

担当者：当事務所がお手伝いさせていただいたM＆Aがその後、無事に完了されたそうで、よかったですね。お疲れ様でした。

社長：先生に資金調達の支援をしっかりしていただいたおかげで、何とかM＆Aが完了しました。先日、調印式まで無事に終えることができました。今回もお世話になりました。

担当者：これで2社目の子会社が誕生ですね。しかも、今回は外注先の会社だったので、事業の拡大とともにコストダウンを図れる余地もあって、御社の収益性が高まる可能性もありますね。

社長：そうなんだよ。あの会社は息子さんがお医者さんになられたので後継者がいないと聞いていて気になっていたんだ。もしM＆Aで当社の子会社になっていただき、一緒に成長できれば相乗効果が出やすいと思っていたので、先方の社長さんだけでなく、社員の方々や当社にとっても良い結果になったと思っています。

担当者：ところで、割安にM＆Aできたかもしれませんので、一度、相続税基準で株価算定されませんか？

社長：遺言書を書き換えようと思っていたタイミングなので、それは助かります。

ポイント
相続財産の実態を把握するために、M＆Aで取得した子会社株式の相続税評価を提案しましょう。今回のように取引先の会社をM＆Aで取得したケースでは、取得金額が割安である場合も考えられるため、取得金額と相続税評価額が乖離する可能性は高まります。

1　M&Aの評価額と相続税評価額が異なる理由

　M&Aで会社を購入する場合には、売り手はできるだけ高く売りたくなるものです。そのため、相続税の財産評価に基づいた株式評価ではなく、直近3～5期分の収益や社長含めた親族の役員報酬から利益を修正した上で、株価を算定することがあります。また、M&Aの仲介会社への手数料も取得費に加算されるため、簿価と相続税評価額が異なることもあります。一般的には、「M&Aの株式評価額」と「相続税評価額」で比較すると、「M&Aの株式評価額」の方が高額になると考えられます。その理由は、評価額の算定方式や考え方が異なるからです。

2　M&Aの評価額が高くなるとき、低くなるとき

　株式の保有者が、M&Aで売却する際には、できるだけ譲渡価格が高い方がよいので高く評価してほしいと考えます。一方、相続税評価額では、承継者からすると、相続税や贈与税をできるだけ抑えるために、低く評価してもらいたいと考えます。このように評価へのベクトルが異なるので、両者の評価額では違いが生まれます。

　また、M&Aでの評価額においては、「のれん（営業権等）」の評価や需給バランスが影響するため、例えば、購入希望者が多い業界では評価額が高くなる傾向があります。逆に今回のように取引先会社を取得する場合は、事業継続が優先されるため、割安で購入できる傾向があります。特に業績不振である会社の場合は、割安となる可能性が高いです。

3　M&Aの評価額と相続税評価額

　M&Aによる株式取得費と相続税の評価額は乖離する場合がありますので、実態を把握するために、購入した会社の相続税評価額を算定することは大切です。また、この機会に他の財産のたな卸も併せて提案することで、確定申告の対象となっていない財産が把握できるので、より具体的な相続対策の立案や遺言書の作成が可能になります。

第2章 法人編-❻

自社株評価の仕組み

担当者: 今期も順調に利益が出ましたね。今期で20期が終わりましたが毎期順調に利益を計上できており、資本金1,000万円に対して株主資本の部が10倍の1億円となっています。

社長: おかげさまで事業も順調に運び、利益もきちんと毎期計上することができています。先日うちの担当の銀行員から「自社株対策はできていますか？御社は業績がよいので株価もとても高くなっているのではありませんか？」との話がありましたが、うちの株価はどれぐらいなのでしょうか？

担当者: 会計上の1株当たりの金額は、株主資本の金額を株数で割れば単純に計算することができます。御社の発行済み株式数は200株なので単純に1株50万円ということになります。
しかし、相続税法上の株価は単純に計算することができません。相続税が課税される株価については、相続税法上の自社株評価をする必要があります。

社長: 銀行でも自社株評価をしてくれるとのことだったけど？

担当者: 概算での自社株評価なら、銀行や生命保険会社でもしてもらうことができると思いますが、自社株対策を行う上ではきちんとした評価をしておいた方がよいと思います。

社長: そうなんですね。対策を考える上で、概算評価だと判断を間違う可能性もあるので、きちんとした評価をしてもらうことにしましょう。

担当者: きちんとした自社株評価をするには、いろいろと資料を集めていただく必要があります。また、複雑な計算が必要となりますので別途報酬をいただく場合がありますが、よろしいでしょうか？

社長: 手間や時間がかかるのなら、別途報酬が必要になることはしょうがないですね、きちんとした相続税法上の自社株評価をお願いします。

> **ポイント** 会計上の1株当たりの価額と相続税法上の1株当たりの価額には通常乖離があり、会社財産に含み益が大きい場合や簿外資産がある場合などは、相続税評価額が高額になるケースがよくあります。自社株対策を行う上では、銀行などが行う自社株評価を基にするのではなく、定期的にきちんとした相続税法上の評価額を把握しておくことが、自社株対策を行う上で重要なポイントとなります。

1　自社株評価の仕組み

自社株の評価方法は、その株主が有する評価会社の議決権割合に応じて、「原則的評価方式」と「特例的評価方式」との2種類に分けられます。

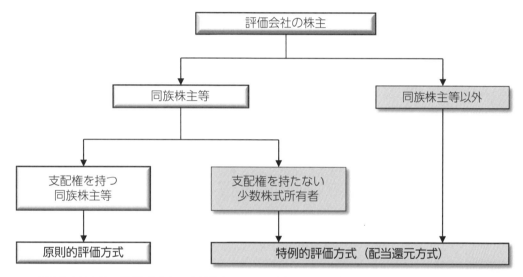

＊同族株主等とは、「同族株主」と同族株主のいない会社における「議決権割合の合計が15％以上の株主グループに属する株主」をいいます。

(1) 自社株を評価する流れ

自社株を評価する場合は次に示す流れで評価を行います。

(イ) 株主の判定をする

(A) 同族株主のいる会社の場合の評価方式

株主の態様					評価方式
同族株主	取得後の議決権割合が5％以上の株主				原則的評価方式 (類似業種比準方式又は純資産価額方式、若しくはそれらの併用方式)
	取得後の議決権割合が5％未満の株主	中心的な同族株主がいない場合			
		中心的な同族株主がいる場合	中心的な同族株主		
			役員又は役員予定者		
			その他の株主		特例的評価方式 (配当還元方式)
同族株主以外の株主					

(ⅰ) 同族株主とは

　課税時期における評価会社の株主の内、株主の1人及びその同族関係者の有する議決権割合の合計数が、その会社の議決権総数の30％以上である場合におけるその株主及びその同族関係者をいいます。

　なお、この場合において、その評価会社の株主の内、株主の1人及びその同族関係者の有する議決権割合の合計数のうち最も多いグループの有する議決権割合の合計数が、その会社の議決権総数の50％超である会社にあっては、50％超のその株主及び同族関係者をいいます。

(ⅱ) 同族関係者とは

　親族（配偶者、6親等内の血族、3親等内の姻族）、特殊関係のある個人（内縁関係にある者等）及び特殊関係にある会社（子会社、孫会社等）をいいます。

(ⅲ) 中心的な同族株主とは

　課税時期において、同族株主の1人並びにその株主の配偶者・直系血族・兄弟姉妹及び1親等の姻族の有する株式の合計数が、その会社の議決権数の25％以上である場合におけるその株主をいいます。

(B) 同族株主がいない会社の場合の評価方式

株主の態様				評価方式
議決権割合の合計が15％以上の株主グループに属する株主	取得後の議決権割合が5％以上の株主			原則的評価方式 （類似業種比準方式又は純資産価額方式、若しくはそれらの併用方式）
	取得後の議決権割合が5％未満の株主	中心的な株主がいない場合		
		中心的な株主がいる場合	役員又は役員予定者	
			その他の株主	特例的評価方式 （配当還元方式）
議決権割合の合計が15％未満の株主グループに属する株主				

＊中心的な株主とは、同族株主のいない会社の株主で、課税時期において株主の一人及びその同族関係者の有する議決権の合計数がその会社の議決権総数の15％以上である株主グループのうち、いずれかのグループに単独でその会社の議決権　総数の10％以上の議決権を有している株主がいる場合におけるその株主をいいます。

(ロ) 会社規模区分を判定する

　会社の規模区分の判定を行うのは、上場会社に匹敵するような規模の大きい評価会社については、上場会社の株価等を基として類似業種比準方式により評価し、個人事業者と変わらないような規模の小さい会社については個人事業者の事業用財産の評価とのバランス等を考慮した純資産価額方式により評価する（大会社と小会社の中間にある会社については両方式の併用方式によって評価する）という評価体系を基本としていることによります。

　会社の規模区分は、卸売業、小売・サービス業又はそれらの業種以外の業種の別に、直前期末以前1年間の従業員数を加味した直前期末の総資産価額（帳簿価額）又は、直前期末以前1年間の取引金額のいずれか大きい方で判定します。具体的には、次の「会社規模区分の判定基準」に基づいて判定します。

●会社規模区分の判定基準表

(1) 従業員数が70人以上の会社は大会社とする
(2) 従業員数が70人未満の会社は、①と②のいずれか大きい方で判定する

＜①従業員数を加味した総資産基準＞

総資産価額（帳簿価額）			従業員数				
卸売業	小売・サービス業	その他の業種	5人以下	20人以下 5人超	35人以下 20人超	69人以下 35人超	70人以上
20億円以上	15億円以上	15億円以上					大会社
4億円以上	5億円以上	5億円以上				中会社の大	
2億円以上	2.5億円以上	2.5億円以上			中会社の中		
7,000万円以上	4,000万円以上	5,000万円以上		中会社の小			
7,000万円未満	4,000万円未満	5,000万円未満	小会社				

＜②取引金額基準＞

取引金額			会社規模区分
卸売業	小売・サービス業	その他の業種	
30億円以上	20億円以上	15億円以上	大会社
7億円以上	5億円以上	4億円以上	中会社の大
3.5億円以上	2.5億円以上	2億円以上	中会社の中
2億円以上	6,000万円以上	8,000万円以上	中会社の小
2億円未満	6,000万円未満	8,000万円未満	小会社

(ハ) 特定の評価会社等の判定をする

　特定の評価会社又は株式等保有特定会社等に該当すると会社規模区分にかかわらず「原則的評価方式」のうち「純資産価額方式」で自社株の評価をします（特定の評価会社については158ページ参照、株式等保有特定会社については163ページ参照）。

(ニ) 自社株の評価方法を決定・計算する

（2）原則的評価方式

　会社を支配できる同族株主グループの自社株を評価する際に使用する計算方式です。原則的評価方式は次に示す3種類に分けられます。

1）類似業種比準価額方式

　類似業種比準価額方式は、同族会社であっても、上場会社に準ずるような規模の会社については、上場会社の株式との整合性を保つため、その会社の事業内容と類似する上場会社の株価に次の3つの比準要素の比準割合などを乗じて計算します。

① 1株当たりの年配当金額
② 1株当たりの年利益金額
③ 1株当たりの純資産価額（帳簿価額によって計算した金額）

$$A \times \frac{\frac{ⓑ}{B} + \frac{ⓒ}{C} + \frac{ⓓ}{D}}{3} \times 斟酌率 \times \frac{1株当たりの資本金等の額}{50円}$$

> A：類似業種の株価
> ⓑ：評価会社の直前期末における1株当たりの年配当金額
> ⓒ：評価会社の直前期末以前1年間における1株当たりの年利益金額
> ⓓ：評価会社の直前期末における1株当たりの純資産価額（帳簿価額による）
> B：課税時期の属する年の類似業種の1株当たりの年配当金額
> C：課税時期の属する年の類似業種の1株当たりの年利益金額
> D：課税時期の属する年の類似業種の1株当たりの純資産価額（帳簿価額による）
> ＊斟酌率：大会社0.7、中会社0.6、小会社0.5

＊1株当たりの資本金等の額とは、評価会社の直前期末における資本金等の額（法人税法第2条（（定義））第16号に規定する資本金等の額をいう。）を直前期末における発行済株式数（自己株式を有する場合には、当該自己株式の数を控除した株式数）で除した金額をいいます。

2）純資産価額方式

　純資産価額方式は、株式の所有状況及び会社運営形態により、個人が会社財産を所有しているのと変わらないような同族会社は、株式の評価に当たり、株式を会社財産に対する持分と考え、会社財産を相続税法に定める評価額により、評価替えしたところの純資産価額により評価します。

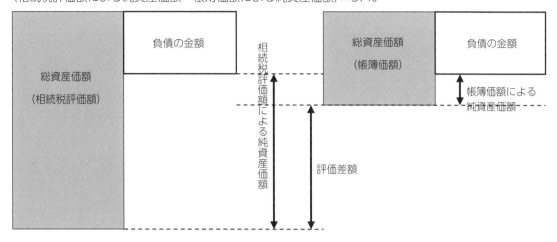

(注1) 発行済株式数から自己株式の数は除かれます。
(注2) 株式取得者とその同族関係者の有する議決権の合計数が評価会社の議決権総数の50％以下である場合には、1株当たりの純資産価額に80％を乗じて計算した金額により評価します。

3) 併用方式

　1) と2) を併用する方式

(3) 特例的評価方式

　配当還元方式は、同族株主等以外の株主のように、議決権割合の少ないものの所有する株式について、評価手続の簡便性を考慮し、配当率を利回りとしてとらえた価額により評価します。配当還元価額は、その株式に係る年配当金額を10％の還元率で割り戻した金額となります。たとえば、1株当たりの資本金等の額が50円の株式の場合、年10％配当の場合には、その株式の1株当たりの資本金等の額により評価されることとなります（年配当率が5％未満の場合には、その株式の1株当たりの資本金等の額の2分の1に相当する価額とすることとされています。）。

$$\frac{その株式に係る年配当金額}{10\%} \times \frac{その株式の1株当たりの資本金等の額}{50円}$$

(注) その株式に係る年配当金額が2円50銭未満のもの及び無配のものについては、2円50銭の配当があったものとして評価します。

2 自社株対策のポイント

① 会社規模区分を引き上げる

会社規模区分により評価方法が変わるため、会社規模の引上げができないか検討する。

② 1株当たり年利益金額を引き下げる

生命保険や役員退職金を活用し、年利益金額を引き下げる方法を検討する。

③ 配当金を取りやめる

類似業種比準価額方式の比準要素である配当を取りやめることを検討する。

④ 含み損が出ている資産を売却する

含み損が出ている資産を譲渡して譲渡損失を計上し利益を圧縮する。

⑤ 借入金で不動産を購入する

借入金と不動産との評価差額を利用して株価を引き下げる。

第2章 法人編-❼

会社から社長に地代を支払っている場合

担当者：社長、会社から社長に土地の賃貸分として毎期、地代が支払われていますが、借地権が発生するのはご存じですか。

社長：ああ、地代は何となく以前から今の金額を会社からもらっているんだよ。なにか問題でもあるのかな。あと、借地権が発生した場合はどうなるのかな。

担当者：今後もし同じ形態で土地を貸し続ける場合は、相続税評価に影響がありますので、金額を決めた時の経緯をお聞かせいただければ幸いです。ちなみに、今、支払っている地代ですが、いつからその金額を支払っているかわかりますか？

社長：そういえば、最初に土地を貸し付ける時、以前の税理士事務所の担当者が「借地権が発生しないように届出書を提出しておきます」と言ってたよ。当時の書類が残っているかどうか確認しておくよ。

担当者：では社長、その貸し付けた当時の書類を一度確認してご準備ください。私の方でも税務署にどのような届け出がされているかを確認しておきます。よろしくお願いいたします。

ポイント　会社から社長に地代を支払っている場合は、相続税評価の確認のために、「土地の無償返還に関する届出書」の提出の有無や地代の額などの貸借の形態を聴取しておきましょう。

1 社長の土地に同族法人の建物があり、地代を支払っている

　土地所有者が社長でその土地の上に同族法人の建物が建っている場合、権利金の支払がなく、「土地の無償返還に関する届出書」を提出していれば、借地権の認定課税は行われません。また、地代の額についても、使用貸借（地代の額はその敷地の固定資産税等相当額以下）から相当の地代の額未満の金額の範囲内で自由に設定しても、地代の認定課税を受けることはありません。これは、同族法人からすれば、地代の支払と地代の免除が同時に行われることで、同族法人にとって有利な結果となります。

2 無償返還方式における相続税評価の違い

　土地の無償返還に関する届出書を提出している場合で、当該土地を賃貸借しているときは、借地権の価額はゼロとなりますが、借地人が地主と同族関係にある同族会社の場合は、その同族会社の株価の計算上、自用地評価額の20％相当額が純資産価額に加算されます。

　また、貸宅地の価額は、その土地上に他の者の建物が建っていて、自由に使用収益することができないことを考慮して、自用地としての価額からその価額の20％に相当する金額を控除して評価することとされています。しかし、土地の貸借関係が使用貸借契約である場合には、その宅地は自用地評価額で評価され、借地人である同族会社の株価の計算上、純資産価額に加算される金額もありません。

◎ 無償返還方式

		借地人（不動産管理会社）	地主（個人）
借地権設定時		課税関係なし	課税関係なし
地代の額		ゼロから相当の地代の額の間で自由に設定可能	
地代の取扱い		損金の額に算入	不動産所得の収入金額
土地の相続税評価額	賃貸借	（株価計算）自用地評価額×20％	自用地評価額×80％
	使用貸借	（株価計算）ゼロ	自用地評価額

設例

　地主甲は甲が主宰する同族法人に下記の土地を貸しています。
　この場合に、甲に相続が発生したときにおいて、土地の相続税評価額は、下記の①と②ではどのような違いがあるでしょうか。
　なお、「土地の無償返還に関する届出書」は提出しています。
　　土地の相続税評価額　1億円（地積250㎡）

① 使用貸借契約の場合
　甲に相続が発生した場合の土地の評価は自用地評価額となり、また、この土地について小規模宅地等の特例の適用も受けることができません。
　　土地の相続税評価額
　　　1億円
　　小規模宅地等の減額金額
　　　相当の対価を借地人から受けていないため、事業の用に供されていた宅地等に該当せず、適用を受けることができない。

相続税の課税価格に算入される金額
　　1億円

② 賃貸借契約の場合

　甲に相続が発生した場合の土地の評価額は自用地評価額の80％評価となり、さらに小規模宅地等の特例の適用も受けることが可能です。

土地の相続税評価額
　　1億円×80％＝8,000万円
小規模宅地等の減額金額
　　8,000万円×200㎡／250㎡×50％＝3,200万円
相続税の課税価格に算入される金額
　　8,000万円－3,200万円＝4,800万円

※　なお、固定資産税相当額以下の地代の支払は「使用貸借」として自用地評価額で評価されることに加え、「相当の対価を受けている」ことにもなりませんので、小規模宅地等の特例の適用を受けることもできません。したがって、①の使用貸借契約の場合と同様の結果になります。

コラム

土地の無償返還に関する届出書

❶ 土地の無償返還に関する届出制度の概要

　法人が貸借の当事者となっている土地の貸借契約が使用貸借となっている取引事例は、貸主と借主とが同族関係者間である場合に数多く存在し、しかもその同族関係にあるという特殊性を考慮した場合には、土地の使用貸借契約は借地借家法に係る保護規定の適用がないので、そのような取引形態は経済的合理性を有せず不合理で賃貸借契約の偽装行為であると認定して、借地権の認定課税を行うのは問題視されていました。

　そこで、昭和55年の法人税基本通達の見直しによって、法人が貸借の当事者となっている土地の貸借取引の場合であっても、その契約形態として「使用貸借契約」の形態があることを容認することとされました。しかし、個人間における土地の使用貸借取引が無条件で容認されるのに対して、法人が関与する場合には、当該土地の使用貸借取引が賃貸借取引の偽装行為でなく、真の使用貸借取引であることを証するために課税庁に対して、土地の貸主及び借主双方の連名で「土地の無償返還に関する届出書」を提出することとされています。

　なお、法人が貸借の当事者となっている土地の貸借取引で、賃貸借契約の形態をとっている場合においても、当該借地権の設定に際して、通常の権利金を収受せず、かつ使用の対価としての相当の地代も収受していない場合には、相当の地代の額と実際に当事者間で収受している地代の額との差額を基に一定の借地権の価額の認定課税がなされることとなりますが、「土地の無償返還に関する届出書」を提出している場合の当該土地に係る借地権の価額は、零として取り扱うとされています（個別通達：昭和60年６月５日「相当の地代を支払っている場合等の借地権等についての相続税及び贈与税の取扱いについて」（以下「相当の地代通達」といいます。）５）。

　以上のことから、土地の無償返還に関する届出方式は、土地の貸借取引の一方又はその双方が法人の場合において、当該取引の当事者間において財産的価値認識としての借地権の認識を有しないときに、当該貸借取引について、使用貸借契約や通常の権利金（又は使用の対価としての相当の地代）を収受しない賃貸借契約を締結したことにより、通常問題となるいわゆる借地権の認定課税を回避するための方策であると考えられます。

❷ 土地の無償返還に関する届出書が提出されている場合のその土地の評価

① 使用貸借型の場合

　「土地の無償返還に関する届出書」が提出され、その土地貸借が使用貸借（地代の額が無償又はその敷地の固定資産税等の額以下）の場合には、その土地に対する一切の権利はないものとされ、被相続人の所有する法人の株式の評価上、純資産価額に算入する金額はないこととされます。

② 賃貸借型の場合

　借地権が設定されている土地について、「土地の無償返還に関する届出書」が提出されている場合は、土地所有者と借地人間において、将来、無償で借地権を返還することを約した契約であることから、当該土地に係る借地権の価額は零とし、また、貸宅地の価額は自用地価額の80％に相当する金額によって評価することとされています。

　この場合において、土地の貸付けが、被相続人が同族関係者となっている同族会社に対するものである場合には、土地の評価額が個人と法人を通じて100％顕現することが課税の公平上適当と考えられる（個別通達：昭和43年10月28日「相当の地代を収受している貸宅地の評価について」）ことから、被相続人の所有する法人の株式の評価上、自用地価額の20％に相当する金額を借地権の価額として純資産価額に算入することとされています。すなわち、「土地の無償返還に関する届出書」が提出されている場合でも、使用貸借型の場合には株価の計算のところには全く影響せず、賃貸借型の場合には20％（建物が貸家である場合には20％ × （1－30％）＝14％）相当分を加算することが原則です。

◎無償返還方式における相続税評価額

区　分	相続税評価額	
	賃貸借の場合	使用貸借の場合
借　地　権	零	
同族会社の株価の計算上純資産価額に加算される金額	自用地評価額×20％（※1）	零
貸　宅　地	自用地評価額×80％（※2）	自用地評価額

※1　同族会社が、同族の地主から土地を借りていても、被相続人自身がその地主（土地所有者）でなければ、被相続人の株式評価では、自用地評価額×20％を純資産価額に加算する必要はありません。また、借地人の土地の相続税評価額は、建物が賃貸住宅等である場合には、自用地評価額×20％ × （1 － 0.3）として評価されます。

※2　この取扱いについては、借地権の価額を0とすることからすると、貸宅地の価額は、自用地の価額によって評価するとの考え方もありますが、借地借家法の制約、賃貸借契約に基づく利用の制約等を勘案すれば、借地権の取引慣行のない地域においても20％の借地権相当額の控除を認容している（評基通25（1））こととの権衡上、その土地に係る貸宅地の価額の評価においても20％相当額を控除することが相当であるとの考え方によるものです。

コラム

個人の土地に同族法人が建物を建てて使用

　土地貸借取引の一方又はその双方が法人の場合における土地貸借では、以下の3つの方式が考えられます。それぞれの方式の概要等については以下のとおりです。

借地契約の形態	詳細区分	方式の概要	
権利金方式		借地権の設定に際し、借地権に相当する権利金を支払う方式	
相当の地代の改訂方式	相当の地代改訂型	借地権の設定に際し、権利金の支払に代えて、土地の使用の対価として相当の地代（自用地としての価額に対しておおむね年6％程度の地代）を収受する方式	3年以下の期間ごとに地代を改訂する方法
	相当の地代据置型		相当の地代を固定する方法
土地の無償返還方式	借地契約賃貸借型	土地貸借取引の一方又はその双方が法人の場合に、取引当事者間において借地権を認識しないときに、借地権の認定課税を回避するために「土地の無償返還に関する届出書」を提出する方式	民法の規定に基づく賃貸借契約
	借地契約使用貸借型		民法の規定に基づく使用貸借契約

　一般の人で、法人との土地の貸借が固定資産税等相当額の地代以下の場合には、使用貸借に該当するので借地権の評価を要しないと勘違いしている場合を見受けます。
　個人間の土地の使用貸借に係る使用権の価額は零とされますが、取引当事者の双方が法人である場合や、当事者の一方が法人であり、その一方が個人であるようなときには、税務上の取扱いは、法人税の取扱いに準拠することとなります。
　例えば、土地の貸借は、権利金等の授受がなされておらず、土地に係る<u>地代の額が固定資産税等相当額であることから使用貸借</u>と認められても、借地人が法人である場合には、<u>使用貸借であっても土地の無償返還に関する届出書が提出されていない場合には、</u>税法上借地権が存在すると認めるのが相当と考えられます。

　そのことから、同族会社の決算書などから被相続人所有の土地の上に同族会社の建物がある場合に、その会社に借地権が帰属するのか否かは、その土地の相続税評価額だけでなく、同族会社の株式の評価額にも影響が生じます。借地権の価額が高ければ相続税の計算にも大きな影響を与えることになりますので、土地の無償返還に関する届出書の提出の有無の確認が欠かせません。

設 例

1. 父所有の土地（自用地評価額8,000万円、借地権割合60％）
2. 同族会社（父が株主）が建物（本社事務所として利用）を建てて、父の土地を賃借している。
3. 土地の無償返還に関する届出書を提出しているか否かによる相続税評価額への影響

	届出あり	届出なし
土地の相続税評価額	8,000万円×（1－0.2）＝6,400万円	8,000万円×（1－0.6）＝3,200万円
自社株の評価	純資産価額に1,600万円加算して評価する	純資産価額に4,800万円加算して評価する

第2章 法人編-❽

社長個人の底地と同族法人の借地権を交換

担当者

社長、先日ご質問をいただきました会社に貸し付けている土地の相続税評価額ですが、試算したところ、現状は4,000万円でした。

どうもありがとう。でも、思ったより評価額って高いんですね。私が残す予定の財産で息子は相続税を払えるのかしら？
ところで、以前にうちの息子が会社を引き継ぐことが相続対策になるというお話がありましたが、どのくらい効果があるのでしょうか？

社長

担当者

確かに今のままでもし相続があったら、息子さんは相続税の納税に苦労するかもしれませんね。仮に息子さんが事業を引き継がれるとの前提で試算したところ、小規模宅地等の特例の適用を受けることで、評価額は2,720万円まで下がります。

なるほど。そんなに効果があるのなら、本人はまだ迷っているみたいだけど、今度会ったときに説得してみます。

社長

担当者

よろしくお願いします。社長、ここからはもう1つご提案ですが、社長個人の底地と会社の借地権を交換し、土地の一部を会社所有にすることで、会社から社長に支払う地代は減少しますが、相続税評価額が大幅に引き下がる対策があります。もしよろしければこちらの対策でも試算いたしますのでご検討いただければ幸いです。

ポイント　同族法人の事業用宅地等については、小規模宅地等の特例の適用を検討しましょう。また、同族法人が社長個人から土地を賃借していて同族法人に借地権がある場合は、底地と借地権を交換し、譲渡課税の問題を回避しつつ、評価額を軽減する対策もあります。

1　底地と借地権の交換＋小規模宅地等の特例の適用

　同族法人の場合に、社長個人の資産を会社で利用するケースがよく見られます。特に土地は高額であるため、会社で土地を購入できない、若しくは購入できるとしても社長個人の資産を

利用すれば簡単に事業を始めやすいので、創業時に土地を借り、そのままの形態で長年、事業を継続している同族法人が多くあります。

このような事例では、社長個人が所有する底地と同族法人の借地権の交換と小規模宅地等の特例の適用を受けることで相続対策として大きな効果が期待できます。

2 対策の進め方とその効果

同族法人が社長個人から賃借していて同族法人に借地権がある場合に、土地の面積が1,000㎡と仮定し、借地権割合が60％の場合、社長個人の有する底地と同族法人の有する借地権を交換し、所得税法第58条及び法人税法第50条の適用を受け、課税の繰延べを受けることとします。そうすると、社長個人が底地の権利割合に相当する面積400㎡を、同族法人が借地権割合に相当する面積600㎡を等価交換により取得することになります。この場合、交換に係る譲渡課税の問題は生じません。

交換後は、同族法人はその敷地のうち600㎡が完全所有権となり、400㎡部分は継続して社長個人から賃貸借することとします。この場合、「土地の無償返還に関する届出書」を提出して借地権の認定課税を回避するようにします。そのことにより、社長個人の土地の相続税評価額は自用地評価額×（1－0.2）で評価することとなります。

その場合、当該同族法人が一定の要件を満たす場合には、社長個人の有するその土地を相続人等が相続した場合に一定の要件を満たすことで、特定同族会社事業用宅地等として、小規模宅地等の特例の適用を受け20％で評価することができます。

設例

(1) 前提条件
① 土地の地積　1,000㎡・借地権割合60％
② 相続税評価額　1億円（自用地評価）
③ 土地所有者　個人甲（A法人の代表取締役）
④ 借地人　A法人（甲とその家族で50％超の株式を所有）・製造業
⑤ 地代の授受　通常の地代を支払っている
⑥ 借地権と底地の交換　交換後はA法人が土地の60％を完全所有し、甲が所有する40％の土地の部分については、賃貸借の「無償返還方式」とする。

(2) 交換前の甲の土地の相続税評価額
① 土地評価　1億円×（1－60％）＝4,000万円
② 特定同族会社事業用宅地等としての小規模宅地等の特例
　（4,000万円×400㎡÷1,000㎡）×80％＝1,280万円
③ 相続税評価額　①－②＝2,720万円

(3) 交換後の甲の土地の相続税評価額
① 土地評価　4,000万円×(1－20%)＝3,200万円
② 特定同族会社事業用宅地等としての小規模宅地等の特例
　(3,200万円×400㎡÷400㎡)×80%＝2,560万円
③ 相続税評価額　①－②＝640万円

【イメージ図】

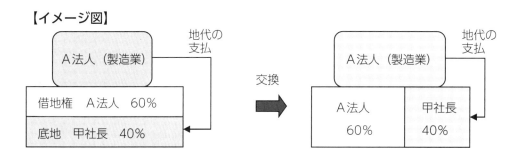

第2章 法人編-❾

土地建物を複数所有する会社

担当者：社長の会社はいくつもの土地建物を所有されていますが、購入時より価値は上がっているのでしょうか。また、工場の集約によって取り壊した跡地もあるようですが、有効活用する予定はありませんか。

社長：そうだなあ。地価が上がっている地域の土地もあったかなぁ。古い工場の跡地については有効活用も検討しなければならないと考えているよ。なぜ、そんなことを聞くんだね。

担当者：社長の会社は順調に成長しておられますので、自社株の評価額がかなり高額です。早めに相続対策を実行しておく方が安心できると考えお聞きしました。例えば、古い工場の跡地に賃貸マンション等を建てた場合は、自社株の評価額が下がります。また、土地建物の現状を把握し、相続までに整理しておくことも大切です。

社長：なるほど、そうなのか。ただ、借入れをしてまで建て替えた方がいいのだろうか。どの土地建物がよいのだろうか。どのくらいの効果があるか一度シミュレーションしてみてもらえるかな。

担当者：かしこまりました。では、土地建物の相続税評価額と帳簿価額、収支などの一覧表を作成いたします。また、古い建物を新築に建て替えた場合の評価額も試算しておきます。

ポイント　土地建物を所有しており、自社株の評価額が高い会社に対しては、賃貸物件の新築による相続対策が有効です。また、相続発生までに必要な土地建物を取捨選択しておくことも重要です。

1 土地建物を所有する会社の自社株対策

まず、会社の株価がいくらになっているのかを算定します。土地建物については相続税評価額と帳簿価額に乖離がないか確認していきます。土地の評価額が上昇している場合は、新たに

建物を新築して自社株の評価額を将来下げていくことが考えられます。また、建物の利用方法としては、自社で使用するより賃貸物件とすることで評価額が圧縮できることを確認しておきましょう。

2 所有する土地建物の現状を把握する

所有する土地建物の相続税評価額や帳簿価額、収支等を一覧表に整理し、現状を把握した上で、各物件を「守りたい土地」と「処分してもよい土地」に分類しましょう。「守りたい土地」に老朽化した建物が建っている場合は、賃貸物件への建替えによる自社株対策を検討してみましょう。

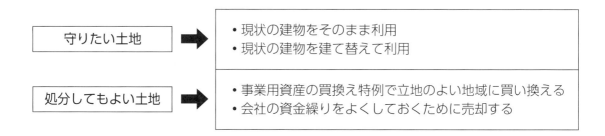

3 賃貸物件の新築による自社株対策

新築建物の場合、取得価額を100%としますと、新築直後でも固定資産税評価額は約60%（さらに貸家であれば相続税評価額は、借家権の30%を減額します。）相当額となっていますので、3年経過後には法人の所有財産の評価額が大幅に下がることとなり、結果として法人の株式評価額も大幅に減少することとなります。

そのため、この時期に株式を贈与することにより、軽い贈与税の負担で大きな資産を相続人等へ移転させることも可能となります。

設例

1. 資本金　1,000万円（発行済株式数20万株）
2. 会社規模区分　中会社の中
3. 株価（現状）
(1) 類似業種比準価額　　500円/株
(2) 純資産価額　　　　2,280円/株
(3) 相続税評価額　500円×0.75＋2,280円×（1－0.75）＝945円/株

4. 法人が所有する遊休地に賃貸マンション新築
(1) 建築価額　3億円（固定資産税評価額1.8億円）
(2) 建築資金
　① 自己資金　6,000万円
　② 銀行借入金　24,000万円（30年元金均等返済）
(3) 収支差額　（賃料収入－借入金－諸費用）≒1,000万円/年と仮定
(4) マンション敷地　自用地評価額5,000万円（借地権割合50％）
5. マンション建築後の株価（純資産価額）
(1) 建築前（現状）　945円/株
(2) 築後1年経過後　762円/株（500×0.75＋<u>1,551</u>×0.25）
(3) 築後3年経過後　735円/株（500×0.75＋<u>1,443</u>×0.25）

● 第5表　1株当たりの純資産価額の計算明細書（現状）　　　　（単位：万円）

資産の部			負債の部		
科目	相続税評価額	帳簿価額	科目	相続税評価額	帳簿価額
現預金	10,000	10,000	買掛金	8,000	8,000
土地（工場）	20,000	6,000	その他債務	2,000	2,000
土地（遊休地）	5,000	2,000			
その他の財産	28,000	25,000			
合計	63,000	43,000	合計	10,000	10,000

※ 純資産価額の計算
　① 評価差額に相当する金額
　　（63,000万円－10,000万円）－（43,000万円－10,000万円）＝20,000万円
　② 評価差額に対する法人税額等相当額　①×37％＝7,400万円
　③ 純資産価額　（63,000万円－10,000万円）－7,400万円＝45,600万円
　④ 1株当たりの純資産価額　45,600万円÷20万株＝2,280円

● 第5表　1株当たりの純資産価額の計算明細書（築後1年経過）　　（単位：万円）

資産の部			負債の部		
科目	相続税評価額	帳簿価額	科目	相続税評価額	帳簿価額
現預金	5,000	5,000	買掛金	8,000	8,000
土地（工場）	20,000	6,000	その他債務	12,000	12,000
土地（貸家建付地）	4,250	2,000	銀行借入金	23,200	23,200
賃貸マンション	21,000	29,360			
その他の財産	28,000	25,000			
合計	78,250	67,360	合計	43,200	43,200

※ 純資産価額の計算
① 現預金 （10,000万円−6,000万円）＋1,000万円（収支差額）＝5,000万円
② 銀行借入金 24,000万円÷30年×（30年−1年）＝23,200万円
③ 土地（貸家建付地） 5,000万円×（1−0.5×0.3）＝4,250万円
④ 賃貸マンション 30,000万円×（1−0.3）＝21,000万円
⑤ 評価差額に相当する金額
（78,250万円−43,200万円）−（67,360万円−43,200万円）＝10,890万円
⑥ 評価差額に対する法人税額等相当額 ⑤×37%≒4,029万円
⑦ 純資産価額 （78,250万円−43,200万円）−4,029万円＝31,021万円
⑧ 1株当たりの純資産価額 31,021万円÷20万株＝1,551円

● 第5表　1株当たりの純資産価額の計算明細書（築後3年経過）　　　（単位：万円）

資産の部			負債の部		
科　目	相続税評価額	帳簿価額	科　目	相続税評価額	帳簿価額
現預金	7,000	7,000	買掛金	8,000	8,000
土地（工場）	20,000	6,000	その他債務	12,000	12,000
土地（貸家建付地）	4,250	2,000	銀行借入金	21,600	21,600
賃貸マンション	12,600	28,085			
その他の財産	28,000	25,000			
合　計	71,850	68,085	合　計	41,600	41,600

※ 純資産価額の計算
① 現預金 （10,000万円−6,000万円）＋3,000万円（収支差額）＝7,000万円
② 銀行借入金 24,000万円÷30年×（30年−3年）＝21,600万円
③ 土地（貸家建付地） 5,000万円×（1−0.5×0.3）＝4,250万円
④ 賃貸マンション 18,000万円×（1−0.3）＝12,600万円
⑤ 評価差額に相当する金額
（71,850万円−41,600万円）−（68,085万円−41,600万円）＝3,765万円
⑥ 評価差額に対する法人税額等相当額 ⑤×37%≒1,393万円
⑦ 純資産価額 （71,850万円−41,600万円）−1,393万円＝28,857万円
⑧ 1株当たりの純資産価額 28,857万円÷20万株≒1,442円

コラム

3年以内取得の土地建物がある場合

❶ 3年内取得土地・建物がある場合

　財産評価基本通達185括弧書は、評価会社の株式に係る1株当たりの純資産価額（相続税評価額によって計算した金額）を計算する場合において、評価会社が課税時期前3年以内に取得又は新築した土地等及び家屋等の価額は、課税時期における通常の取引価額に相当する金額によって評価するものとし、当該土地等及び建物等に係る帳簿価額が課税時期における通常の取引価額に相当すると認められる場合には、当該帳簿価額に相当する金額によって評価することができる旨定めています。

　これは、評価会社の株式を純資産価額で評価するに当たり、評価会社が所有する土地等及び家屋等の「時価」を算定する場合には、個人が所有する土地等及び家屋等の相続税法上の評価を行うことを念頭においた路線価等によって評価することが唯一の方法であるとはいえず、適正な株式評価の見地からは、むしろ通常の取引価額によって評価すべきであると考えられることによるものであるとされています。

❷ 課税時期前3年以内に取得した貸家及び貸家建付地の評価

　評価会社が課税時期前3年以内に取得した貸家及び貸家建付地の評価については以下のように取り扱われます。

　土地、家屋の取得（新築）後、家屋を賃貸の用に供したため、取得時の利用区分（自用の家屋、自用地）と課税時期の利用区分（貸家、貸家建付地）が異なることとなり、その取得価額等から、課税時期における通常の取引価額を算定することが困難である貸家及び貸家建付地の価額については、まず、その貸家及び貸家建付地が自用の家屋及び自用地であるとした場合の課税時期における通常の取引価額を求め、次にその価額に貸家の評価及び貸家建付地の評価の定めを適用して減額することができます。

設例 法人で賃貸マンション等を新築した場合の株式評価額

法人設立時の貸借対照表　　　　　　　（単位：万円）

| (現金) | 900 | (資本金) | 900 |

第5表　1株当たりの純資産価額（相続税評価額）の計算明細書　（単位：万円）

資産の部			負債の部		
科　目	相続税評価額	帳簿価額	科　目	相続税評価額	帳簿価額
現　金	900	900	借入金	0	0
			(純資産価額)	900	－

　その事業年度の基準期間がない法人のうち、その事業年度開始の日における資本金の額が1,000万円未満であれば、原則として設立後2期は消費税の課税事業者とはなりません。

　設立後に資本金等を1億円（建物の新築費用総額）へ増資します。

増資後の貸借対照表　　　　　　　（単位：万円）

| (預金等) | 20,000 | (借入金) | 10,000 |
| | | (資本金等) | 10,000 |

第5表　1株当たりの純資産価額（相続税評価額）の計算明細書　（単位：万円）

資産の部			負債の部		
科　目	相続税評価額	帳簿価額	科　目	相続税評価額	帳簿価額
預金等	20,000	20,000	借入金	10,000	10,000
			(純資産価額)	10,000	－

　9,100万円の増資（うち、1/2は資本準備金とします）をします（法人設立時から資本金等が10,000万円の場合の登録免許税は70万円、900万円で設立し、増資額の1/2を資本金とする場合の登録免許税の合計額は46.85万円となります。）。

　賃貸マンションを建築する場合に、不足する資金は銀行から10,000万円を借入れします。

賃貸マンション完成直後の貸借対照表　　（単位：万円）

（預金等）	0	（借入金）	10,000
（建物等）	20,000	（資本金等）	10,000

第5表　1株当たりの純資産価額（相続税評価額）の計算明細書　　（単位：万円）

資産の部			負債の部		
科目	相続税評価額	帳簿価額	科目	相続税評価額	帳簿価額
預金等	0	0	借入金	10,000	10,000
建物等	14,000	20,000	（純資産価額）	4,000	－

　預金と借入金を原資に賃貸マンションを新築（20,000万円）します。

　賃貸マンションは通常の取引価額（20,000万円×（1－0.3）＝14,000万円）で評価されます（土地は「使用貸借による土地の無償返還方式」とします。）。

賃貸マンション完成後3年経過後の貸借対照表　　（単位：万円）

（預金等）	1,000	（借入金）	10,000
（建物等）	18,000	（資本金等）	10,000
		（剰余金）	△1,000

第5表　1株当たりの純資産価額（相続税評価額）の計算明細書　　（単位：万円）

資産の部			負債の部		
科目	相続税評価額	帳簿価額	科目	相続税評価額	帳簿価額
預金等	1,000	1,000	借入金	10,000	10,000
建物等	8,400	18,000	（純資産価額）	△600	－

　建築後3年経過すると、賃貸マンションは固定資産税評価額を基に評価します（※建物の減価償却費2,000万円、3年間のキャッシュフロー＋1,000万円、借入金は金利のみの支払と仮定します。）。

○ **賃貸マンションの評価額** (単位：万円)

取得価額	固定資産税評価額 （目安）	完成直後の 通常の取引価額	3年経過後の 相続税評価額
20,000	12,000	14,000	8,400

・固定資産税評価額・・・・取得価額20,000万円×60％（目安）＝12,000万円
・完成直後の通常の取引価額・・・取得価額20,000万円×（1－30％×100％）＝14,000万円
・3年経過後の相続税評価額・・・・12,000万円×（1－30％×100％）＝8,400万円
・賃貸割合は100％と仮定します。

第2章 法人編-⑩

社長の土地建物を会社が賃借している場合

担当者：御社の工場の土地建物は、社長個人から会社に賃借しているのですね。

社長：そうですね。土地建物の所有者は私個人なので、家賃月額100万円で会社に賃貸しています。

担当者：月額100万円ということは年間1,200万円ですね。売上が1,000万円を超えておられるので、消費税の課税事業者になりますね。

社長：そうなんです。毎年、簡易課税で消費税を申告しています。

担当者：例えば、工場の建物を会社に譲渡して、敷地を賃貸する形にすると地代には消費税がかかりませんので消費税の節税にもなりますし、相続税対策にもなります。また、不動産管理会社を設立して建物を売却する方法も考えられますね。

社長：そうなんですね。具体的にどのようになるのか、シミュレーションをお願いできますか?

担当者：わかりました。来月お伺いする時までに資料をまとめて提案させていただきます。

ポイント 土地及び地代家賃の内訳書・減価償却資産の明細を確認することで、不動産の所有状況を確認することができます。不動産の所有状況は、相続税・法人税・所得税・消費税といろいろな税目に関して影響を与えます。所有状況の組替えを提案することにより、大きな節税効果を及ぼすことが考えられます。

1　同族法人へ社長個人が所有する不動産を貸借している場合

(1) 賃貸借の場合

① 消費税

　同族法人が事務所や工場として利用している建物の賃料は、消費税法上、課税売上げに該当

するため年間の賃料が1,000万円以上であれば消費税の納税が必要となります。

② 貸家及び貸家建付地

建物を賃貸借している場合の相続税評価額は、建物については「貸家」として、その敷地については「貸家建付地」として評価されます。

③ 小規模宅地等の特例

適正な賃料でもって同族法人へ賃貸している場合には、小規模宅地等の特例の適用を選択することが可能となります。

その場合、賃借人である同族法人へ賃貸している宅地等が、特定同族会社事業用宅地等（※）に該当する場合には、限度面積400㎡までの部分について80％の減額を受けることができます。

（※） 特定同族会社事業用宅地等とは、3人以下の株主並びにこれらと特殊の関係のある個人及び法人が発行済株式の50％超を保有している会社をいい、一定の法人の事業（不動産貸付業、駐車場業、自転車駐車場業及び準事業を除きます。）の用に供されていた宅地等であることなどが要件とされています。

(2) 使用貸借の場合

社長が同族法人へ建物を無償で貸借することについては、所得税法や法人税法においても特段の課税問題は生じません。

その場合、相続税の評価額については、建物は「自用家屋」として、その敷地は「自用地」として評価されることになります。

また、賃料を得ていないことから小規模宅地等の特例も適用を受けることはできません。

そのため、相続税の負担を考慮する場合、使用貸借によるときは相続税の負担が相当額増えることになります。

2　社長が所有している建物を不動産管理会社へ譲渡

社長が所有し同族法人へ賃貸している建物を、新たに不動産管理会社を設立してその会社へ建物を譲渡するようにします。そのことで、社長個人の所得税の軽減になり、かつ、不動産管理会社の株式を生前に後継者などへ贈与するなど相続対策にも活用することができます。

その場合の留意点は、以下のとおりです。

(1) 建物の譲渡価額の算定

個人が法人に対して不動産を譲渡した場合は、原則として譲渡人である個人に対しては、実際の取引価額に基づき譲渡所得を計算します。また、譲受人である法人については時価で取引があったものとして処理を行います。時価相当額で譲渡をしないと、税務上いろいろな問題が発生することとなります。そこで問題になるのが、建物の時価ですが、賃貸している建物なら帳簿価額が存在します。帳簿価額と固定資産税評価額を比較検討し譲渡価額を決定する指標の

ひとつとすることができます。たとえば帳簿価額＞固定資産税評価額の場合は帳簿価額、帳簿価額＜固定資産税評価額の場合は固定資産税評価額を時価とみなして譲渡価額を検討してみてはどうでしょうか。

なお、譲渡人が消費税の課税事業者である場合は、その建物の譲渡は、課税資産の譲渡等に該当するため消費税についても検討が必要です。

(2) 土地の無償返還に関する届出書の提出

この届出書は、法人が借地権の設定等により他人に土地を使用させた場合で、その借地権の設定等に係る契約書において将来借地人等がその土地を無償で返還することが定められている場合に、法人とその借地人の連名により、土地を無償で返還することが定められた後遅滞なく届け出る（「土地の無償返還に関する届出書」）こととされています。

ここでいう「遅滞なく」とは、土地の賃貸借の実行後、相当の期間内に行うことを意味するものと考えられ、通常は、借地権の設定等があった後最初に到来する確定申告期限までということになると思われます（法人税基本通達逐条解説）。

この届出を行っている場合には、権利金の認定課税は行われないこととなります（法基通13-1-7）。

この届出書は、土地所有者が個人である場合であっても、提出することができます。

土地が賃貸借によって貸借されている場合に、「土地の無償返還に関する届出書」が提出されているときの貸宅地の価額は、当該土地の自用地としての価額の100分の80に相当する金額によって評価することとされています。なお、使用貸借に係る土地について無償返還届出書が提出されている場合の当該土地に係る貸宅地の価額は、当該土地の自用地としての価額によって評価されます（相当の地代通達8）。

また、第三者に貸し付けられている貸家の敷地たる借地権には、借家人の敷地利用権（自用地価額×借地権割合×借家権割合）が生じており、自用の借地権とは当然にその価値が異なるのであるから、あえてその土地の価額を個人と法人を通じて100％顕現させる必要はなく、貸家建付借地権の場合においては、自用の借地権価額から借家人の敷地利用権相当額を控除した金額（自用地価額×20％×（1－30％）＝自用地価額×14％）とすることになります。

(3) 地代の額

土地の無償返還に関する届出書が提出された場合には、借地権価額は常にゼロとみなされる結果、借地権の認定課税は行われず、相当の地代の認定課税のみにとどめることとして取り扱われます（法基通13-1-7）が、地主が個人で借地人が法人の場合には、所得税法には、法人税法のように、無償取引に係る益金算入の規定（法法22②）及び寄附金の額に無償による経済的利益の供与が含まれる旨の規定（法法37⑦⑧）に相当する規定が存在しないことから、

地主個人については、相当の地代と実際に授受する地代の差額について地代の認定課税は行われません。

所得税法では、貸主が個人である場合には、実際に収受した地代が収入金額（所法36①）とされますので、収受していない差額の地代について収入金額として認定されることはなく課税されません。

そのため、土地所有者が個人で借地人が法人である場合には、個人の土地所有者については地代の認定課税という概念がありませんので、地代の額については、使用貸借（地代の額はその敷地の固定資産税等相当額以下）から相当の地代の額以下の金額の範囲内で自由に設定しても、何らの課税関係も生じないこととなります。

一方、借地人である法人からすれば、地代の額が無償であるということは、地代の支払と地代の免除が同時に行われたと考えることができます。このことは、営利追求を目的とする法人の在り方と矛盾しません。

なお、相当の地代の額と実際に支払っている地代の額との差額は、受贈益として借地人である法人の益金の額に算入することになりますが、同額を支払地代として損金の額にも算入することになりますので経理処理は不要です。

3 不動産管理会社設立の留意点

(1) 不動産管理会社の3つの類型

社長個人が所有する建物を不動産管理会社に移転させるための方法としては、大きく分けて次の3つの類型に分類されます。

① 管理委託方式……社長が所有する不動産を同族法人に賃貸する一方、当該不動産の管理のみを不動産管理会社に委託し、その対価として管理料を支払う方式です。

② 転貸方式……社長がその所有する不動産を不動産管理会社に賃貸し、不動産管理会社が当該不動産を同族法人へ賃貸する方式で、サブリース方式とも呼ばれ、ます。転貸方式による場合、不動産管理会社は、社長からその所有不動産を賃借して賃借料を支払い、当該不動産を同族法人に転貸して転貸料を得て、その差額を収益としています。

③ 不動産所有方式……不動産管理会社が社長から建物を取得し、自ら管理運営を行います。この場合、不動産管理会社が建物を所有していますので、賃料収入は「100％」不動産管理会社に帰属します。社長に帰属していた賃料収入が不動産管理会社の収入に置き換えられるので、収入の分散効果はこの不動産所有方式が最も大きいといえます。

また、家族を不動産管理会社の役員とし、法人の所得を給与という形で家族に支給することにより、所得分散が図れるだけでなく、家族が受け取った給与は、将来の相続税の納税資金の準備にもなります。

以上の3つの類型のうち、不動産所有方式は所得分散効果が最も大きいことから、この方式によることをお勧めします。

(2) 株主・役員・資本金・取得資金
① 株主は誰にするのか

　高収益な既存賃貸不動産をその法人へ移転する場合に、建物の時価と相続税評価額の差が大きくないときは、株主（出資者）は子又は孫を株主にします（幼少の孫を株主にするには、いったん親が資本金を出資し設立後にその株式を孫へ贈与します。）。

　アパート等を新たに第三者から取得又は新築する場合には、建物の時価と相続税評価額の差額が大きく発生すると予想されることから、株主（出資者）は父（相続税対策を必要とする人）とします。

② 役員は誰にするのか

　株主と役員は別にすることはできます。そのため、出資者（株主）は父、役員は子又は孫にすることもできます。役員は株主が決めることになりますので、公務員以外の人は原則として営利法人の役員になることができます。

　しかし、父が代表取締役になって多額の給与を受けることにしたら所得分散効果が減殺されます。

　また、子を代表取締役にして多額に給与を取ると、法人は社会保険へ強制加入とされていて、代表取締役は非常勤として取り扱われませんから、社会保険料の負担が重くなります。

　なお、後期高齢者である親を代表取締役にすれば、会社は社会保険の加入手続が必要ですが、その親は社会保険には加入できません。また、他の家族役員が非常勤であれば同様に社会保険に加入することができません。

③ 資本金はいくらにするか

　最低資本金制度は撤廃されていますが、法人の設立費用等を考慮すると最低50万円以上は必要と思われます。

　また、設立第1期から消費税の課税事業者になるためには1,000万円以上の資本金で設立すれば、消費税の課税事業者となります。

④ 賃貸不動産の取得資金はどうするのか

　不動産管理会社の資本金だけでは、賃貸不動産の取得資金が不足する事例が大半と思われます。その場合には、以下のような3つの方法が考えられます。

1) 必要な資金を銀行等から借り入れる。
2) 賃貸不動産の譲渡者に少人数私募債を引き受けてもらって資金を調達する。
3) 譲渡者と不動産管理会社との間で、金銭消費貸借契約によって分割払いとする。

　なお、銀行等の借入金や賃借人から預かっている敷金等は不動産管理会社が承継するように

すれば、譲渡代金とそれらの債務との差額だけの資金調達で済みます。

また、現在所有する賃貸不動産に銀行等からの借入金が残っていて抵当権が設定されているような場合には、銀行等へ事前の説明が必要で、個人名義の借入金を不動産管理会社が承継するようにします。また、銀行等の協力が得られるなら債務者名義の変更ができれば登録免許税が節約できます。

注意すべき点は、銀行等から固定金利で借りている場合には、形式上個人の借入金は繰上返済され、新たに不動産管理会社が同額を借り入れることになります。そのため、多額のペナルティが個人に課されることもあります。しかし、実質は個人の名義の借入金がその者が主宰する不動産管理会社の名義に変わるだけなので、ペナルティの免除など銀行等と交渉する余地はあると思われます。

● 抵当権の債務者変更

債務の引受けにより債務者が変わった場合になされる登記です。この場合、登録免許税は不動産1個につき1,000円で済みます。

設 例

1. 甲が所有する賃貸不動産を甲の家族が主宰する不動産管理会社へ譲渡します。その不動産には銀行借入金が1億円あります。
2. 登録免許税（不動産管理会社）

	債務者変更の場合	新たな借入れによる場合
登録免許税	不動産1個につき1,000円	1億円×4/1000＝40万円

第2章 法人編-⓫

役員借入金と相続税・法人税

担当者：役員借入金が3,000万円ありますが、今の御社の状況から借入金の返済がなかなか難しい状況だと思われます。どうされようと思っておられますか？

社長：そうなんですよね。資金繰りに余裕があれば返済してもらおうと思っているんですが、銀行からの借入れもあるのでなかなか返済が厳しい状態です。

担当者：返済ができないとして役員借入金（社長からの借入金）は個人から見た場合、貸付金となるため相続税の計算上3,000万円が相続財産となります。すぐには返ってこない貸付金に対して相続税が課税されることとなってしまいます。

社長：そうですか！返ってくる可能性が低いものに対して相続税が課税されるのは、なんだか納得できませんね。何か対策はあるのでしょうか？

担当者：債権放棄するという手がありますが、その際は法人の方で免除益として益金に算入されますので、法人側の課税関係も検討しなければなりません。

ポイント　決算書の貸借対照表の負債の部に計上されている役員借入金に着目します。役員借入金はその役員の相続財産になりますので、将来の役員個人の相続税に影響を及ぼします。役員の考え方、会社の財務状況等を把握し、しっかりと今後の対策を立てる必要があります。

1　役員借入金にも相続税がかかる

　役員借入金とは、役員が会社に貸し付けた資金のことです。会社の財務状況が悪い場合など一時的に役員からの借入金により資金不足を補うことがよくあります。また、慢性的に役員借入金が残っている会社もよく見かけます。その役員借入金（役員個人から見ると貸付金）は、その役員の相続財産となりますので、当然相続税が課税されます。そこで、この役員借入金を解消する方法を考えます。

2 債権放棄（書面による債権放棄の通知を行う場合）

　相続税が課税されるか課税されないかの判断は、その会社が債務超過の状態にあって、弁済不能の状態であるか否か、一般的には破産、和議、会社更生あるいは強制執行等の手続開始を受け、又は事業閉鎖、行方不明、刑の執行等により債務超過の状態が相当期間継続しながら、他の融資を受ける見込みがなく、再起の目途が立たない等の事情により、事実上債権の回収が不可能又は著しく困難な状況であることが客観的に認められるか否かによります。

　相続開始日当時事業活動を継続しており上記事実がなければ、弁済不能の状態にあったとは認められないと思われます。

　そのような状況にない場合でも、役員からの貸付金を会社から回収することが困難であることも少なくありません。回収困難な貸付金を多額に有している役員の相続人にとって、その貸付金が相続財産として相続税が課税されることとなると、その負担は大変重いものとなります。

　そこでその貸付金を債務免除（債権放棄）しておくことが一つの解決策となります。

　この場合、会社側においては債務免除を受けた金額に相当する益金が発生しますが、税務上の繰越欠損金があれば、これと相殺されますので、税務上の繰越欠損金の範囲内であれば、結果として法人税は課税されません。

　ここで留意すべき点は、役員借入金の債務免除により、その会社の純資産価額が増加することになる点です。それによってその会社の株式の相続税評価額が上がった場合には、その上がった部分の価額は、その役員から同族株主への贈与とみなされ贈与税が課税されることとなります。

　なお、債権放棄をする場合は、内容証明郵便によることも事実確認の手段としては有効なものとなります。

債権放棄通知書

　〇〇〇〇（以下甲という）は株式会社▲▲▲▲（以下乙という）に対する、令和〇〇年〇〇月〇〇日現在の貸付金債権金〇〇,〇〇〇,〇〇〇円を、乙の財政状態に鑑み、令和〇〇年〇〇月〇〇日をもって放棄する。
　　　　　　　　　　　　　　　　　　　　令和〇〇年〇〇月〇〇日
　　（甲）住所
　　　　　氏名
　　（乙）住所
　　　　　会社名
　　　　　代表者

3 推定相続人等への贈与

役員借入金を推定相続人等へ贈与する方法もあります。贈与税の基礎控除や相続時精算課税、生前贈与加算、贈与税率などを考慮して行うことが大切です。

4 役員報酬を減額し余剰資金で返済

現在、支払をしている役員報酬を減額してその差額を役員借入金の返済に充てることにより残高を減らすことができます。この方法によると役員報酬を支払う代わりに役員借入金の返済を行うことになりますので、会社にとっては今以上の資金を必要としません。ただし、役員報酬の変更時期に注意が必要です（定期同額）。また、役員報酬を減額することにより、その法人の損金が減少し所得が増えることとなりますので、法人税の納税が発生することとなる場合がありますので注意が必要です。

5 資本金への振替え

Debt Equity Swap（デット・エクイティ・スワップ）という方法で役員借入金を資本金に振り替えることができます。債権者が債権の現物出資によって株式化します。また、債権者が金銭出資によって株式を取得し、それを資金として債務を弁済する方法（疑似DES）がとられます。この方法による場合は、資本金が増えるため税法上、中小企業の特例などが利用できないようになることが考えられるため注意が必要です。

また、役員からの現物出資については、非適格現物出資に該当することになります。この法人が債務超過の場合については、役員借入金額とその債務金額の時価との差額については債務消滅益として課税対象となります。税務上の繰越欠損金の範囲内であれば法人税の課税はありません。貸付金が資本金（株式）に変わることにより相続税評価額が下がる場合が多く大きな節税効果が期待できます。

疑似DESの方法による場合については債務消滅益を回避することができます。

コラム

同族法人への貸付金

　同族会社への貸付金は、回収が困難と思われる場合でも、その債権は原則として額面によって評価され相続税が課される事例が多くあります。
　貸付債権が回収不能であるか否かについての主な裁決事例は、以下のとおりです。

❶ 貸付債権の価額は零と認められなかった裁決例

① 　貸付金の回収が不可能又は著しく困難と見込まれるときとは、その事業経営が客観的に破たんしていることが明白であって、債権の回収の見込みのないことが客観的に確実であるといい得るときであると解されるところ、①本件会社は現在まで存続し、出向料収入や不動産の売買による収益があること、②本件会社の借入金債務は、関係会社、本件被相続人及びその親族からの債務が大半であって、返済期限等の定めがないため、直ちに返済を求められる可能性は極めて低く、金融機関等外部からの借入れに比べて有利といえること、③本件会社は、本件相続開始日の直前期において、本件被相続人に対し、借入金の一部の返済をしていることが認められる。そうすると、本件相続開始日において、本件会社の事業経営が破たんしていることが客観的に明白であって、債権の回収の見込みのないことが客観的に確実であるといい得る状況にあったとは認められない（平成21年5月12日）。

② 　本件会社の資産及び負債、損益の状況は良好であったとは必ずしもいえないものの、①本件会社の負債の大部分は、本件会社の全株式を有する被相続人からの借入金であることから、強制執行などの回収手段によって経営に必要な財産を失う可能性は低かったものと認められること、②本件会社は、売上額が増加傾向にあったことや、被相続人及びその親族である役員に対して役員報酬及び地代として毎期一定額の支出が認められ、相続開始日までに大幅な支出削減を余儀なくされるなどの営業活動が制限される状況であったとは認められないこと、③本件会社の経営は平成25年頃からは被相続人の子が統括し、本件会社が経営するホテル及びレストランの建物の敷地が被相続人の妻の土地であることから、相続開始日以降も、事業を継続できる状況であったことを考慮すると、相続開始後に本件会社が営業を停止したことや、その後の解散、清算結了等をもって、相続開始日において本件会社の営業状況及び資産状況が破綻していたということはできず、評価通達205の(1)ないし

(3)に掲げる事情と同視できる程度に債務者の経済状態等の悪化が著しく、その貸付金債権等の回収の見込みがないことが客観的に明白であって、本件貸付金の回収の見込みがないことが客観的に確実であるということはできない（令和2年3月18日）。

❷ 貸付債権の価額は零と認められた裁決例

① 債務者の財産状況を調査したところ、著しい債務超過の状況にあり、900万円程度の経常的収入があるものの、全額を本件貸付金の返済に充てたとしても返済完了までに100年に近い期間を要し、また、債務者の不動産には被相続人が仮登記を設定しているが、当該不動産には根抵当権が設定されており、その被担保債権の額が不動産の時価を大幅に上回っていることから、不動産が換価処分されても配当が見込まれない。したがって、財産評価基本通達204及び205の定めに基づき本件貸付金の価額は零円とするのが相当である（平成19年6月29日）。

② 債務者について破産、民事再生、会社更生又は強制執行等の手続が開始していなくても、事業の閉鎖、代表者の行方不明等により、債務超過の状態が相当期間継続していて他からの融資を受ける見込みもなく、再起のめどが立たない場合には、営業状況、資産状況等が破綻していることが客観的に明白であって、債権の回収の見込みのないことが客観的に確実であるときは、財産評価基本通達205に定める「その回収が不可能又は著しく困難であると見込まれるとき」に当たると解される（平成25年9月24日）。

以上のことから、生前に回収が困難と思われる債権について、債権放棄を行う選択が考えられます。債権放棄は債権者の一方的な意思表示で効力が生じますが、税務申告等対外的な証拠を残すためにも、内容証明郵便を使うことが大切です。

債権放棄を受けた法人は、債務免除益については原則としてその法人の益金に算入されます。

しかし、法人に税務上の繰越欠損金が残っていれば、繰越欠損金の範囲内であれば債務免除益に対して法人税が課税されず、相続財産である「貸付金」も減少させる効果があります。

債権放棄を行うと既存株主へのみなし贈与が発生する可能性もありますので、事前に検証が欠かせません。

また、貸付金（会社からみれば借入金）を資本金に組み換える方法として、DES（デット・エクイティ・スワップ）を実行すると、借入金が資本金に振り替えられます。
● デット・エクイティ・スワップの仕組み
　債権者が株主になることで、純資産が増え財務体質が改善する

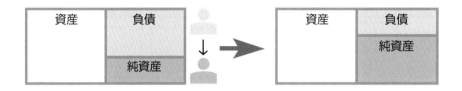

　しかし、債務超過の会社の場合、DESによると、資本金等の増加と判定されずに「債務免除益」として法人税課税を受けることがあります。
　一方、疑似DESの場合には、払い込まれた金銭の額は「資本金等の額」と判定されると考えられます。
　そのため、想定外の課税が生じないよう、いずれの方法によって貸付金を資本金へ組み換えるか、細心の注意を払って実行することが肝要です。

第2章 法人編-⑫

金融資産が多い会社

担当者

社長、会社が順調に利益を出しているので、金融資産がかなり増えてきておりますが、今後、この資産をどのように活用されようとお考えでしょうか。例えば、会社の本社ビルや事業所の用地などを取得されるご予定はないでしょうか。

今は特に予定はないですね。なぜ、そんなことを聞くの？

社長

担当者

金融資産が多い現状のままでは、自社株の評価額が高くなってしまいます。でも、この金融資産を活用し、不動産を取得することで自社株の評価額が下がる場合があるのです。

そうなんですね。不動産を購入する予定はないんだけど、他に自社株の評価額が下がる方法はありませんか？

社長

担当者

不動産の取得でなくても、従業員数や売上げを増やせれば、会社を評価するときの会社規模区分がランクアップし、自社株の評価額が下がる場合があります。

ポイント

金融資産が多く固定資産が少ない会社においては、自社株の評価額を下げる対策として、評価会社の会社規模区分をランクアップさせることが考えらます。ランクアップさせるためには、不動産の取得、従業員数や売上高の増加などの方法があります。

1 会社規模区分が変わると株価が変わる

まず、評価対象会社の会社規模区分（大・中・小）を確認し、次に、類似業種比準価額と純資産価額を確認します。類似業種比準価額が低い会社は、会社規模区分をランクアップさせるだけで株価を引き下げることができます。

そのため、評価対象会社が、「類似業種比準価額＜純資産価額」か、「類似業種比準価額≧純資産価額」かの確認が欠かせません。

会社規模区分別・類似業種比準価額と純資産価額による株価は以下のようになります。

● 会社規模区分別純資産価額と類似業種比準価額　　　　　　　　　（単位：円）

	純資産価額	会社規模区分別・類似業種比準価額（注）		
		大会社	中会社	小会社
A社	500	126	108	90
B社	300	210	180	150
C社	150	294	252	210

（注）類似業種比準価額の計算において、斟酌率が大会社0.7、中会社0.6、小会社0.5とされているため、大会社の類似業種比準価額126円の場合、中会社では（126円÷0.7）×0.6＝108円、小会社では（126円÷0.7）×0.5＝90円と計算される。

● 会社規模区分別株価　　　　　　　　　　　　　　　　　　　　　（単位：円）

| | 大会社 | 中会社 | | | 小会社 |
		大（注2）	中	小	
A社	126	147	206	264	295
B社	210	192	210	228	225
C社	150	150	150	150	150

（注1）純資産価額は変動しないものと仮定。
（注2）A社が中会社の大の場合、108円×0.9＋500円×（1－0.9）＝147円となる。

　上記A社又はB社の場合には、会社規模区分をランクアップ（小会社→中会社→大会社）すればそれだけで株価は下落します。しかし、C社の場合には、会社規模区分をランクアップしても株価は変動しません。

2　会社規模区分をランクアップさせる方法

　会社規模区分をランクアップさせるためには、以下のいずれかの方法が考えられます。
① 従業員数を増やすことができませんか？

　総資産価額が1億円で、従業員数が5人以下の場合、従業員数が5人超になれば、「小会社」から「中会社の小」に会社規模区分がランクアップします。

　従業員数は、勤務時間の長短あるいは常時使用される者であるか否かにかかわらず、評価会社において使用される個人で賃金を支払われる者（役員を除きます。）をいいます。

　評価会社の従業員数は、判定期間である課税時期の直前期末以前1年間を通じてその期間継続して評価会社に勤務していた従業員で、かつ、就業規則等で定められた1週当たりの労働時間が30時間以上である従業員については、1人としてカウントします。

　それ以外の従業員（パートタイマーや事業年度の途中で入退社した者など）については、これらの1年間の労働時間の合計時間数を従業員1人当たりの平均的な労働時間である1,800時

間で除した数値を従業員数としてカウントすることとされています。

② 総資産価額（帳簿価額）を増やすことで会社規模区分をランクアップできませんか？

　評価会社が固定資産の償却額の計算を間接法によって表示している場合には、その帳簿価額の合計額から減価償却累計額を控除し（ただし、法人税の申告書において「減価償却超過額」があっても加算しません。）、売掛金・受取手形・貸付金等に対する貸倒引当金は控除しないこととされています。

③ 取引金額を増やすことができませんか？

　取引金額とは、課税時期の直前期末以前1年間における評価会社が目的とする事業による収入金額（売上高）をいいます。

　なお、金融業・証券業については、収入利息及び収入手数料とすることとなっています。

④ 卸売業から他の業種に変えることはできませんか？

　いずれの業種に該当するかは、直前期末以前1年間における取引金額に基づいて判定します。なお、当該取引金額のうちに2以上の業種に係る取引金額が含まれている場合には、それらの取引金額のうち最も多い取引金額に係る業種によって判定します。評価会社がどの業種に該当するかについては、「日本標準産業分類の分類項目と類似業種比準価額計算上の業種目との対比表」によることとされています。

第2章 法人編-⑬

配当と法人税・相続税

担当者：今期も安定して利益が出ていますね。

社長：そうですね。来期は当社の10年目になります。これまでは株主配当をしてきませんでしたが、きちんと利益を出して株主に額面金額の5%の配当をしようと思っています。その際に何か問題はないでしょうか。

担当者：株主配当は、法人税が課税された後の税引き後利益からすることとなります。株主配当をした場合、資金は会社から流出しますが損金にはなりません。

社長：配当金は経費とならないということですか？

担当者：そうです。配当金は経費にはなりません。
御社の株主構成は、社長と社長の旦那様それに息子さんと娘さんでしたね。

社長：そうですね。株主は身内だけです。

担当者：外部の株主がいないのなら、配当をするよりも役員賞与を検討する方が、法人税の軽減にもなりますし、良いのではないでしょうか。
また、株主配当をすると、相続税法上の自社株評価に影響を与えます。

ポイント

利益が安定してくると配当を考慮する経営者が増えます。外部株主がいる場合は、株主からの要望もあり株主配当を考えなければならない状況はあると思います。しかし、同族会社の場合は、株主配当を行うことは法人税や相続税上、あまり得策ではありません。事前確定届出給与などの方法の検討をしてみましょう。

1 配当控除とは

　株式の配当を受け取った場合は、配当を受け取った個人株主は確定申告をすることにより、配当控除という税額控除の適用を受けることができる場合があります。

　上場株式等以外の配当等の場合、20.42％の税率により所得税及び復興特別所得税が源泉徴収されます。なお、上場株式等以外の配当で、1回に支払を受けるべき配当等の金額が次の算式により計算した金額以下である場合には確定申告の必要はありません。

$$10万円 \times 配当計算期間の月数 \div 12$$

　配当控除とは、内国法人から受ける配当所得があるときは、一定の割合で計算した金額を所得税額から控除できる制度です。配当控除の金額は、原則として課税所得金額等が1,000万円以下の部分は10％、1,000万円を超える部分は5％です。

　上場株式等以外の配当等の場合は、源泉徴収制度・申告不要制度・配当控除との関係など、確定申告をする場合、有利不利の問題が発生しますので注意が必要です。

2 事前確定届出給与とは

　役員賞与は利益操作の手段として用いられる可能性があるため、原則として損金不算入とされています。

　事前確定届出給与とは、株主総会等の決議によって所定の時期に所定の金額を支給することを定めた場合は、その決議の日から1月を経過する日又は会計期間開始の日から4月を経過する日のいずれか早い日までに、一定の事項を記載した届出書を提出し、その届出書に記載された事項どおりに支給した場合、その役員賞与は損金算入されます。

　配当は損金に算入されませんが、事前確定届出給与については要件に該当すれば損金に算入されるため株主総会で支給する旨の決議をした上で、届出を出しておくとよいでしょう。なお、業績がおもわしくなく賞与の支給をしない場合は、賞与の支給をしない旨の決議を臨時株主総会で行うようにしてください。債務が確定しているため、株主総会での決議なく支給しない場合には課税関係に問題が出る場合があります。

3 類似業種比準価額方式

　類似業種比準価額方式で株価を算定する場合、配当を行っていることが株価に影響します。そのことも含めて配当を行う場合は検討する必要があります。

　類似業種比準価額方式は、同族会社であっても、上場会社に準ずるような規模の会社については、上場会社の株式との整合性を保つため、その会社の事業内容と類似する上場会社の株価に次の3つの比準要素の比準割合などを乗じて計算します。

① 1株当たりの年配当金額
② 1株当たりの年利益金額
③ 1株当たりの純資産価額（帳簿価額によって計算した金額）

$$A \times \frac{\frac{Ⓑ}{B} + \frac{Ⓒ}{C} + \frac{Ⓓ}{D}}{3} \times 斟酌率 \times \frac{1株当たりの資本金等の額}{50円}$$

> A：類似業種の株価
> Ⓑ：評価会社の直前期末における1株当たりの年配当金額
> Ⓒ：評価会社の直前期末以前1年間における1株当たりの年利益金額
> Ⓓ：評価会社の直前期末における1株当たりの純資産価額（帳簿価額による）
> B：課税時期の属する年の類似業種の1株当たりの年配当金額
> C：課税時期の属する年の類似業種の1株当たりの年利益金額
> D：課税時期の属する年の類似業種の1株当たりの純資産価額（帳簿価額による）
> ＊斟酌率：大会社0.7、中会社0.6、小会社0.5

＊1株当たりの資本金等の額とは、評価会社の直前期末における資本金等の額（法人税法第2条（（定義））第16号に規定する資本金等の額をいう。）を直前期末における発行済株式数（自己株式を有する場合には、当該自己株式の数を控除した株式数）で除した金額をいいます。

4 配当還元方式

　同族株主が取得する株式の評価方法は、原則として類似業種比準価額方式、又は純資産価額方式、あるいは併用方式で評価することになります。また、その他の少数株主については配当還元方式で評価することとなります。しかし、同族株主であっても次の要件に該当する場合は、配当還元方式を適用することができます。配当還元方式により評価する場合、配当をしていない場合の配当還元方式の価額は、1株当たり金額が50円の場合2円50銭となります。

① 他に中心的な同族株主がいてその者が中心的な同族株主でない
② 相続・贈与又は譲渡により株式を取得した後の議決権割合が5％未満
③ 役員でない

配当還元方式は、同族株主等以外の株主のように、議決権割合の少ないものの所有する株式について、評価手続の簡便性を考慮し、配当率を利回りとしてとらえた価額により評価します。配当還元価額は、その株式に係る年配当金額を10％の還元率で割り戻した金額となります。たとえば、1株当たりの資本金等の額が50円の株式の場合、年10％配当の場合には、その株式の1株当たりの資本金等の額により評価されることとなります（年配当率が5％未満の場合には、その株式の1株当たりの資本金等の額の2分の1に相当する価額とすることとされています。）。

$$\frac{その株式に係る年配当金額}{10\%} \times \frac{その株式の1株当たりの資本金等の額}{50円}$$

（注）その株式に係る年配当金額が2円50銭未満のもの及び無配のものについては2円50銭の配当があったものとして評価します。

第2章 法人編

第2章 法人編-⑭

会社規模区分と自社株対策

担当者：社長、今年の自社株評価の資料をお持ちしました。

社長：また、株価が上がっているんだな。経営の合理化で従業員数は減っていっているのに、どうして株価は上がっているんだ。

担当者：社長の会社は、以前は自社株評価上の会社規模区分は大会社でしたが、従業員数も減って、売上も下がっていっているので現在は中会社ですね。

社長：その会社規模区分とやらは、株価と何か関係があるのかい。

担当者：大会社であった時期は、低い評価額の「類似業種比準価額」を採用できましたが、中会社になると、高い評価額の「純資産価額」との併用方式で自社株評価をすることになります。社長の会社は会社規模区分こそランクダウンしていますが、毎年利益が出て純資産はどんどん大きくなっています。純資産価額のウェイトが上がれば上がるほど株価は上がっていきます。

社長：そうなのか。何か対策はあるのかな。

担当者：後継者が息子さんに決まっておられるのであれば、今のうちに自社株を贈与してはいかがでしょうか。

社長：そうだな、大会社の規模区分に戻れる保証もないので、これ以上評価額が下がる可能性は考えにくいな。

ポイント
　自社株評価の原則的評価方式においては、会社規模区分がランクダウンすると純資産価額の比重が大きくなり、評価額が上昇する場合があります。特に歴史が古く毎年利益が出ているような老舗企業は純資産価額が高くなる傾向があるため、後継者への自社株の移転などを検討しましょう。

1 老舗企業と自社株評価

　自社株の原則的評価方式には、「純資産価額」と「類似業種比準価額」によって評価することが規定されていますが、会社規模区分に応じて、その併用割合などが変わります。その中でも、大会社に該当する場合には、上場会社や気配相場等のある株式に匹敵する規模であることから、できるだけ株価形成要因が上場株式に近くなるように数値化された3要素（配当、利益、純資産）で「類似業種比準価額」を計算することとなっています。そこで、歴史が古く純資産価額が高いような会社は、類似業種比準価額を採用できた方が、一般的には株価が下がることが多くなります。しかし、会社がリストラを行い、従業員を削減したりすることにより、会社規模区分がランクダウンすることもあります。このようなケースでは、歴史が古く毎年利益が出ているような老舗企業で純資産価額が高い会社が多いため、類似業種比準価額のウエイトが下がることで、株価が上昇するという現象が発生することがあります。会社規模区分のランクアップを期待できないような場合、後継者への早期の自社株の移転が対策として有利と考えられます。

2 会社規模区分の判定基準

　自社株評価における会社規模区分について、従業員数が70人以上の会社は大会社に区分されます。また、従業員数が70人未満の会社は、次の①と②のいずれか大きい方で判定し、大会社・中会社（大・中・小）、小会社に区分されます。

① 従業員数を加味した総資産基準

総資産価額／従業員数			5人以下	20人以下5人超	35人以下20人超	35人超	70人以上
卸売業	小売・サービス業	その他の業種					
20億円以上	15億円以上	15億円以上	小会社	中会社の小	中会社の中	大会社	大会社
4億円以上	5億円以上	5億円以上	小会社	中会社の小	中会社の中	中会社の大	大会社
2億円以上	2億5,000万円以上	2億5,000万円以上	小会社	中会社の小	中会社の中	中会社の中	大会社
7,000万円以上	4,000万円以上	5,000万円以上	小会社	中会社の小	中会社の小	中会社の小	大会社
7,000万円未満	4,000万円未満	5,000万円未満	小会社	小会社	小会社	小会社	大会社

② 取引金額基準

取引金額			会社規模区分
卸売業	小売・サービス業	その他の業種	
30億円以上	20億円以上	15億円以上	大会社
7億円以上	5億円以上	4億円以上	中会社の大
3億5,000万円以上	2億5,000万円以上	2億円以上	中会社の中
2億円以上	6,000万円以上	8,000万円以上	中会社の小
2億円未満	6,000万円未満	8,000万円未満	小会社

●取引相場のない株式等の相続税評価額

株主の態様	会社規模区分		評価方式
支配株主 (同族株主等)	一般の 評価会社	大会社	類似業種比準価額方式
		中会社 大	類似業種比準価額×0.90+純資産価額×0.10
		中会社 中	類似業種比準価額×0.75+純資産価額×0.25
		中会社 小	類似業種比準価額×0.60+純資産価額×0.40
		小会社	類似業種比準価額×0.50+純資産価額×0.50

3 会社規模区分のランクダウンの例示

【従前】 業種：製造業　従業員数：36人　総資産価額：5億円　取引金額：4億円

類似業種比準価額	純資産価額	株価（中会社－大）
40万円	120万円	48万円（＝40×0.9+120×0.1）

・従業員数の減少（36人→35人）
・取引金額の減少（4億円→3.9億円）

【現在】 業種：製造業　従業員数：35人　総資産価額：5億円　取引金額：3.9億円

類似業種比準価額	純資産価額	株価（中会社－中）
40万円	120万円	60万円（＝40×0.75+120×0.25）

10株を贈与するとした場合、従前の中会社（大）であれば48万円として、480万円で、贈与税が45.5万円（特例贈与と仮定）かかります。同じ480万円分だけ贈与しようとしても、現在の中会社（中）にランクダウンした場合、60万円なので8株しか贈与できないことになります。

　会社規模区分のランクが下がるほど純資産価額のウエイトが高くなっていきますので、純資産価額が類似業種比準価額よりも高い評価額になっている会社については、純資産価額が下がらない限り、つまり利益が出ている限り株価は上がっていくことになります。株式の後継者への早期の移転が望まれます。

第2章 法人編-⑮

赤字続きで純資産額が大きい会社

担当者

社長の会社は、現在は毎期少しの赤字を計上しながらですが、以前はかなり活発に事業に取り組んでおられたそうですね。

社長

そうなんだ。若いころは怖いもの知らずで事業を拡大していたんだが、最近は健康第一で小さな仕事を中心にのんびり会社を経営しているんだ。

担当者

なるほど。ただ、過去の利益が蓄積し、純資産額がかなり大きな額になっています。そのため、自社株の評価において「特定の評価会社」に該当する可能性があります。

社長

その特定の評価会社に該当すれば、自社株の評価額がかなり高くなるのかな。詳しいことはわからないが、何か対策を君が提案してくれるのなら信用して検討してみるよ。

担当者

ありがとうございます。では、次回のご訪問までにご提案資料をまとめておきます。

ポイント 特定の評価会社に該当すると、法人の規模区分にかかわらず類似業種比準価額の適用が制限されます。対策としては、例えば、配当を行っていない比準要素数1の会社の場合は、配当を行うことで一般の評価会社となり評価額は下がります。

1 特定の評価会社とは

特定の評価会社に該当している会社、たとえば、法人が清算中や開業して間もない法人である場合、また、土地や株式など一定の財産を偏って所有している場合には、法人の規模区分に関わらず類似業種比準価額の適用を制限しようとするものです。

類似業種比準価額とは、営業状況や営業成績に着目し業務を遂行している上場会社を対象として株価を計算するものであり、これを目的としない法人につき類似業種比準価額を適用する

ことは、課税公平の見地からも問題が生じてくることになります。

これらの点に着目し、一定の法人については特別に類似業種比準価額を株価評価に採用することを制限しています。

このように、通常の事業活動を行っていると認めがたい状況にある一定の会社（これを「特定評価会社」といいます）については、その会社の規模区分（大会社・中会社・小会社）に関係なく、特別な評価方法（原則として「純資産価額方式」）によって評価します。

ただし、「特定評価会社」に該当する場合でも、「開業前の会社」や「休業中の会社」、「清算中の会社」以外の会社は、「同族株主等以外の株主」が取得した株式については、特例的評価方式の「配当還元価額」で評価することができます。主な特定評価会社の概要を以下に解説しておきます。

2 株式保有特定会社

株式保有特定会社とは、課税時期において評価会社の有する各資産を相続税評価額により評価した価額の合計のうちに、株式及び出資の価額の合計額の占める割合が50％以上である会社をいいます。

3 土地保有特定会社

土地保有特定会社とは、課税時期において評価会社の有する各資産を相続税評価額により評価した価額の合計額のうちに、土地及び土地の上に存する権利の価額の占める割合が70％以上（大会社又は一定の小会社の場合）又は90％以上（中会社又は一定の小会社の場合）である会社をいいます。

＜土地保有特定会社の判定基準＞

	土地保有割合（相続税評価額による）			
大会社	70％以上			
中会社	90％以上			
小会社	総資産価額（帳簿価額）			土地保有割合（相続税評価額による）
	卸売業	小売・サービス業	卸売・小売・サービス業以外	
	20億円以上	15億円以上		70％以上
	20億円未満 7,000万円以上	15億円未満 4,000万円以上	15億円未満 5,000万円以上	90％以上
	7,000万円未満	4,000万円未満	5,000万円未満	適用除外

4 比準要素数1の会社

　比準要素数1の会社とは、類似業種比準価額の計算において使用する「1株当たりの配当金額」、「1株当たりの利益金額」及び「1株当たりの純資産価額（帳簿価額）」の比準要素のうち、直前期末における2の比準要素について「0」となっており、かつ、直前々期末における2以上の比準要素についても「0」となっている会社をいいます。

　なお、配当金額及び利益金額については、直前期末以前3年間の実績を反映して判定することとされています。

　「比準要素数1の会社に該当している場合には、会社規模区分に関わらず、「類似業種比準価額×0.25＋純資産価額×0.75」で評価することとされています。そのため、類似業種比準価額が純資産価額より低い会社においては、株価は高く評価されることとなります。

【設例1】

● 会社規模区分別純資産価額と類似業種比準価額　　　　　　　　　　　　　　　（単位：円）

	純資産価額	会社規模区分別・類似業種比準価額		
		大会社	中会社	小会社
A社	500	126	108	90
B社	300	210	180	150
C社	150	294	252	210

● 比準要素数1の会社に該当している場合の株価　　　　　　　　　　　　　　　（単位：円）

	大会社	中会社（注2）			小会社
		大	中	小	
A社	406	402	402	402	397
B社	277	270	270	270	262
C社	150	150	150	150	150

（注1）　純資産価額は変動しないものと仮定。
（注2）　A社が中会社である場合、108円×0.25＋500円×（1－0.25）＝402円となる。

　たとえば、A社で会社規模区分が「中会社の小」である場合に、比準要素数1の会社に該当すると、株価は402円となります。しかし、A社が比準要素数1の会社でなければ、108円×0.6＋500×（1－0.6）＝264円となります。そのため、比準要素数1の会社に該当しないように、配当を行うなどの対策が必要となります。

　比準要素数1の会社に該当する場合で、自社株の相続税評価額が高いケースでは、過去の利益の累積額や含み益が多くあり純資産価額が高い事例と考えられます。そのため、配当原資は十二分にあるはずで、配当を行うことが最も簡単な選択であると思われます。この場合、1株

(50円)当たりの配当金が直前期末以前2年間の平均で求めることや、少額な配当を行う場合、1株 (50円) 当たりの年配当金額は、「10銭未満切捨て」とされていることにも注意が必要です。

第2章 法人編-⑯

株式等保有特定会社の対策

担当者: 社長の会社は資産管理会社ですので、自社株評価をすると、どうしても「株式等保有特定会社」になってしまいますので評価額が高くなります。

社長: なんなんだ、その「株式等保有特定会社」って？

担当者: 総資産のうち、株式が50％以上のウェイトを占める会社をいいます。株式等保有特定会社は純資産価額で評価されますので、評価額が高くなります。

社長: なるほど。で、何か対策はないのかね。

担当者: そうですね、資産の組み換えをして「株式等保有特定会社」から外れる方法があります。そうすれば、類似業種比準価額になって、評価額も下がると思われます。

社長: 資産の組み換えってなんだ。子会社の株は非上場株だから現金化はできないじゃないか。

担当者: 現預金や上場株式が沢山ありますので、それで事業用の他の種類の資産を買うと株式のウェイトが下がります。

社長: 不動産でも買えばいいのか。

担当者: 金額が大きいので事業用不動産が一番良いですが、生命保険加入や、投資信託の購入も良いと思います。

> **ポイント**
> オーナー株主が自社株対策のために、株式保有の資産管理会社を設立することは珍しくありません。しかし、対策後はこの資産管理会社のほとんどが、総資産のうち、株式保有割合が50％以上となる「株式等保有特定会社」に該当するため、純資産価額方式による高い評価額での計算となってしまいます。そこで、この会社に他の事業、例えば、不動産賃貸業や、生命保険や投資信託による投資業を行ってもらい、類似業種比準価額との併用方式を採用できるようにする対策があります。

1　株式等保有特定会社とは

　原則的評価方式は、純資産価額方式、類似業種比準価額及びこれらの併用方式が採用されるのですが、会社の規模区分や「特定会社」に該当するかによって評価方式が決まることになります。

　この特定会社のうち、課税時期において評価会社の有する各資産を相続税評価額により評価した価額の合計のうちに、株式等の価額の合計額の占める割合が50％以上の会社を株式等保有特定会社といいます。

　この株式等保有特定会社に該当すると、原則、純資産価額方式によって評価することになります。これに代えて「S1+S2」方式※という、修正類似業種比準価額方式によって評価し、低い方を採用することもできます。

※　「S1」の金額は、実際の事業活動部分としての株式の価額について類似業種比準方式を部分的に取り入れて評価し、「S2」の金額では、評価会社が所有する資産のうち、株式等についてのみ純資産価額としての価値を反映させて評価する方法です。

2　株式等とは

　所有目的又は所有期間のいかんにかかわらず、評価会社が有する株式、出資及び新株予約権付社債のすべてをいいます。したがって、投資信託の受益権（ファンド、ETF）や、匿名組合の出資金（オペレーティング・リース）、保険積立金、現預金、貸付金や未収入金などはこれに該当しないことになります。

3　株式等の割合を減らすことができるのか

　現在ある株式等（分子）を小さくすることで、株式保有割合を下げることが可能になります。したがって、上場株式を保有している場合は、換金しやすいため、これを売却することで他の事業を行う資金に変えていくことができます。

4 株式以外の資産を増やすことができるのか

　総資産（分母）を大きくすることによって、株式保有割合を下げることが可能になります。銀行融資を受けて不動産賃貸業を行うことや、最近ではM&Aで他社の事業を承継することで総資産を大きくするケースも見受けられます。

5 対策の注意点

　節税を目的とした意図的な資産構成の変化と判断された場合には、課税庁に否認されて、結果的に株式等保有特定会社としての評価となることも考えられます。事業を行う上での合理的な理由が求められることに注意が必要です。

第2章 法人編-⑰

配当還元方式の活用

担当者：社長と副社長は姓が違いますが、親族ではないんですか？

社長：副社長は嫁の弟でね、創業する際に手伝ってもらったんだよ。だから、株も24％持ってもらっているんだ。ちゃんと資金も出してもらったから問題ないよね。

担当者：社長は副社長を後継ぎにされるおつもりですか。
それとも、お子様にこの会社を譲るおつもりなんですか。

社長：副社長はね、私が辞める時に一緒に辞める約束になっているんだよ。だから跡継ぎは息子だよ。

担当者：それであれば、副社長の株はどうするおつもりですか。このままでは副社長の株は会社を辞めた後も「原則的評価方式」で評価せざるを得ないので、高いままですよ。

社長：そのまま持って亡くなったら相続税がかかるかな。

担当者：おそらくかかりますね。副社長の相続人は確かお子様2人だったでしょうか。お孫さんはおられますか？

社長：奥さんは先に亡くなったからね。孫は2人ずついて、4人いるんだよ。なにかいい方法はないかな？

担当者：副社長のお子様とお孫さんの計6人に各4％ずつ株を贈与してはいかがでしょうか。5％未満ですので配当還元方式による評価額で贈与できます。税負担も軽くてすみますよ。

自社株の評価方法には、原則的評価方式と特例的評価方式（配当還元方式）があります。後者は、少数株主の評価方法で、一般的には原則的評価方式より評価額は低くなります。上場株式と違い換金性の乏しい非上場株式の場合、少数株主は、経営参画できるほど議決権もないため、保有するメリットは、配当期待ぐらいしかありません。そこで、自社株を移動する割合を工夫し、少数株主となり配当還元方式を採用できるように検討することとします。

1 評価会社に同族株主がいる会社の場合

株主の態様			評価方式
同族株主	取得後の議決権割合が5％以上の株主		原則的評価方式
	取得後の議決権割合が5％未満の株主	中心的な同族株主がいない場合	
		中心的な同族株主がいる場合 　中心的な同族株主	
		中心的な同族株主がいる場合 　役員又は役員予定者	
		その他の株主	特例的評価方式（配当還元方式）
同族株主以外の株主			

※中心的な同族株主とは
　課税時期において、同族株主の1人並びにその株主の配偶者・直系血族・兄弟姉妹及び1親等の姻族の有する株式の合計数が、その会社の議決権数の25％以上である場合における、その株主をいいます。

(1) 同族株主がいる会社の同族株主以外の株主が取得した株式

　親族関係のない従業員や、顧問弁護士、税理士などがその代表例となります。

(2) 同族株主がいる会社の同族株主のうちで、いずれかの同族株主グループの中に中心的な同族株主がいる場合における、中心的な同族株主以外の株主で、議決権割合が5％未満である者が取得した株式

　同族株主のうちで、取得後の議決権割合が5％未満になることが必要となります。したがって、中心的な同族株主に該当しない遠い親族などがこれに該当することになります。

● 中心的な同族株主の判定の基礎となる同族株主の範囲（網かけ部分）

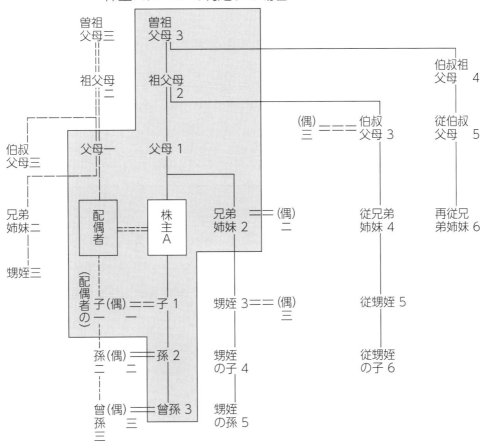

―株主Aについて判定する場合―

1. 肩書数字は親等を、うちアラビア数字は血族を、漢数字は姻族を、（偶）は配偶者を示しています。
2. 親族の範囲…親族とは①6親等内の血族、②配偶者、③3親等内の姻族をいいます。
3. 養親族関係…養子と養親及びその血族との間においては、養子縁組の日から血族間におけると同一の親族関係が生じます。

※ 中心的な同族株主の判定のポイントは、上記の判定表の「株主A」の欄に判定する株主を置いて判定することです。

設 例

1. 甲社（発行済株式総数10,000株）の株主は、以下のとおりです。
   父600株、長男1,800株、長女650株、その他少数株主6,950株
2. 父から長男の子へ400株贈与する
3. 長男の子へ贈与した株式の判定
① 甲社には、同族株主がいる
   父200株＋長男1,800株＋長女650株＋長男の子400株＝3,050株≧3,000株
② 甲社には、中心的な同族株主がいる
   長男を「株主A」において判定すると、長男1,800株＋父200株＋長男の子

400株＋長女650株＝3,050株≧25％以上の議決権　∴　長男は中心的な同族株主に該当する。

③　長男の子は、中心的な同族株主に該当しない

長男の子を「株主A」において判定すると、長男の子400株＋長男（父）1,800株＋父（祖父）200株＝2,400株＜25％未満　∴　長男の子は中心的な同族株主に該当しない。

この判定のポイントは、長男の子から判定すると、長女は叔母に当たり中心的な同族株主の判定の範囲に入ってこないことになり、その結果、長男の子は中心的な同族株主に該当しないことになります。

2　事例解説

現状は社長、社長の妻、社長の子、副社長甲は、すべて同族株主に該当し、かつ議決権数が5％以上であるため、原則的評価となります。ここで、副社長甲に相続があった場合と、副社長甲からA～Fに各4％を生前贈与した場合の評価方式の判定を確認しておきましょう。

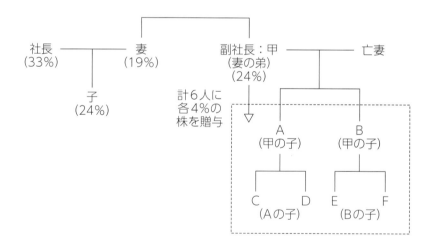

【議決権数と判定】

	現状	① 法定相続分	判定	② 贈与	判定
社長	33	—	原則的評価	—	原則的評価
社長の妻	19	—	原則的評価	—	原則的評価
社長の子	24	—	原則的評価	—	原則的評価
副社長：甲（妻の弟）	24	▲24	—	▲24	—
A（甲の子）	—	12	原則的評価	4	配当還元方式
B（甲の子）	—	12	原則的評価	4	配当還元方式
C（Aの子）	—	—	—	4	配当還元方式
D（Aの子）	—	—	—	4	配当還元方式
E（Bの子）	—	—	—	4	配当還元方式
F（Bの子）	—	—	—	4	配当還元方式
合計	100	—	—	—	—

① 副社長に相続があった場合（法定相続分で遺産分割）

　甲の子（A、B）は、すべて同族株主に該当し、かつ取得後の議決権が5％以上のため、原則的評価となる。

② 副社長からA～Fに各4％の株式を生前贈与する場合

　A～Fは全員同族株主に該当しますが、取得後の議決権割合は5％未満で、評価会社には中心的な同族株主（例えば、社長）がいて、A～Fは全員中心的な同族株主に該当しません（以下の判定表参照。）。

　そのため、A～Fは役員でなければ「評価会社に同族株主がいる会社の場合」の判定図表（166ページ）の「その他の株主」に該当することから、特例的評価方式（配当還元方式）によって評価することができます。

(中心的な同族株主に該当するか否かの判定表)

判定者＼範囲	社長	社長の妻	社長の子	A	B	C	D	E	F	合計	判定
	33	19	24	4	4	4	4	4	4	100	
社長	33	19	24	−	−	−	−	−	−	76	○
社長の妻	33	19	24	−	−	−	−	−	−	76	○
社長の子	33	19	24	−	−	−	−	−	−	76	○
A	−	−	−	4	4	4	4	−	−	16	×
B	−	−	−	4	4	−	−	4	4	16	×
C	−	−	−	4	−	4	4	−	−	12	×
D	−	−	−	4	−	4	4	−	−	12	×
E	−	−	−	−	4	−	−	4	4	12	×
F	−	−	−	−	4	−	−	4	4	12	×

コラム

特例的評価方式によって評価されるとき

　自社株の相続税評価額は、その株主が有する評価会社の議決権割合に応じて、以下のように評価方法が異なります。

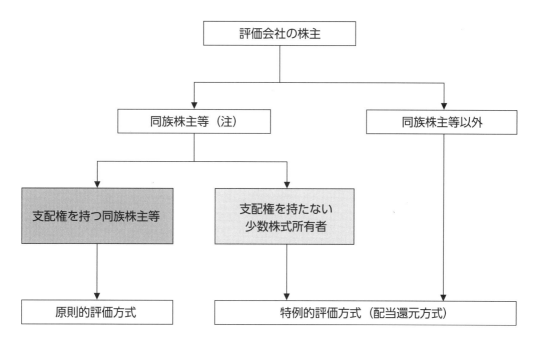

（注）　同族株主等とは、同族株主及び同族株主がいない会社における議決権割合の合計が15％以上の株主グループをいいます。

● 同族株主のいる会社の場合の評価方式

株主の態様				評価方式
同族株主	取得後の議決権割合が5％以上の株主			原則的評価方式 （類似業種比準方式又は純資産価額方式、若しくはそれらの併用方式）
	取得後の議決権割合が5％未満の株主	中心的な同族株主がいない場合		
		中心的な同族株主がいる場合	中心的な同族株主	
			役員又は役員予定者	
			その他の株主	特例的評価方式 （配当還元方式）
同族株主以外の株主				

　上記の評価方法から分かるように、同族株主であっても取得後の議決権割合が5％未満であるなど一定の者については、特例的評価方式（配当還元方式）によって評価される人もいます。

配当還元方式を適用する株式を要約すると、以下のとおりです。

① 同族株主のいる会社の同族株主以外の株主が取得した株式

　同族株主以外の株主には、親族関係のない従業員や顧問税理士・弁護士などがその代表例です。

② 同族株主のいる会社の同族株主のうちで、いずれかの同族株主グループの中に中心的な同族株主がいる場合における中心的な同族株主以外の株主で、株式取得後の議決権割合が5％未満である者（その会社の役員である者及び法定申告期限までの間に役員となる者を除く。）が取得した株式

　同族株主のうちで、取得後の議決権割合が5％未満であることが必要なので、所有する株式を無議決権株式などへ転換することで議決権割合を下げることができます。また、中心的な同族株主に該当しない遠い親族なども配当還元方式によって自社株を評価することができる場合があります。

● 同族株主のいる会社

設例 甲の遺言によって、次のように株式が相続された場合
（妻6％、長女2％、長女の夫32％、二女12％、二女の夫4％、三女4％）

株　主	議決権割合	
	相続開始前	相続開始後
甲	60％	－
妻	－	6％
長女	－	2％
長女の夫	－	32％
二女	－	12％
二女の夫	－	4％
三女	－	4％
甲の弟	15％	15％
甲の妹	10％	10％
その他	15％	15％
合　計	100％	100％

被相続人甲の妻、長女の夫及び二女は、株式取得後の議決権数が5％以上であるので原則的評価方式により評価します。また、長女は議決権割合は5％未満ですが、中心的な同族株主となる（注）ので、原則的評価方式によって評価されます。

（注）長女（判定者）＋長女の夫＋妻（母）＋二女＋三女＝56％≧25％

　二女の夫と三女は、議決権割合は5％未満であり、かつ、中心的な同族株主ではなく（注）、他に中心的な同族株主（妻、長女、長女の夫）が存在するので配当還元方式によって評価します。

（注）二女の夫（判定者）＋二女＋妻（義母）＝22％＜25％
　　　三女（判定者）＋長女＋二女＋妻（母）＝24％＜25％

　以上のように同族株主であっても、取得後の議決権割合が5％未満で、その会社に中心的な同族株主がいて、相続人が中心的な同族株主でなく、かつ、役員でもなければ特例的評価方式（配当還元方式）によって相続することができます。

第2章 法人編-⑱

分掌変更による役員退職金

社長

私も今年で65歳になりますし、そろそろ息子の専務に、社長を譲ろうと考えているのですが、何か考慮しておくほうがよいことはありますか？

担当者

息子さんも専務になられて15年、承継するのには、早いということはないと思います。社長に何かあって事業承継するよりも、社長のお元気なうちに事業承継を完了させることがベストだと思います。

社長

今年、私が社長を退任して、会長になることによって退職金を受け取ることは可能でしょうか？また、その際、退職金はどのぐらい受け取れるものですか？

担当者

社長から会長になることにより受け取る退職金は、一定の要件を満たせば損金に算入することができます。御社には役員退職金規程がありませんが、社長はいくらぐらいの退職金を考えておられるのでしょうか？

社長

そうですね。可能なら1億5,000万円ぐらいは欲しいかなと思っていますが、どうでしょうか？

担当者

法人税法上、不相当に高額な部分の退職金については損金に算入されないこととなっています。具体的に計算してみないと1億5,000万円の全額が損金に算入できるかどうかはわかりませんが、株主総会の決議があれば1億5,000万円を支給することは可能です。
損金の額に算入することができる金額を計算するためのご質問ですが、社長の今の役員報酬の月額はわかりますが、社長は役員に就任してから何年になりますか？

社長

今年でちょうど35年になります。

担当者

役員退職金規定の整備と1億5,000万円が高額な退職金にならないかを検討した上で、次回資料をお持ちいたします。

社長

それではよろしくお願いいたします。

 事業承継にあたりどのような形で後継者に事業を承継していくかは、色々な形が考えられます。一般的には後継者に代表取締役を譲り会長になる場合が多く見受けられます。分掌変更による役員退職金の支給については、もし否認された場合は法人税及び所得税に大きな影響を及ぼしますので注意が必要です。実質的に退職したものとみなされるかどうかがポイントです。

1 役員退職金規程の整備

役員に対する退職金については、当然に請求できるものではありませんので、役員退職金規程の整備が必要です。また、株主総会の決議が得られなければ、役員には具体的な退職金請求権が発生しないと考えられています。

2 役員の分掌変更による退職金

社長を退任して会長に就任することはよくあることです。社長退任時に退職金を支給する際には注意が必要です。実質的に役員を退職したものと見なされる場合には、退職金として支給した金額は、税務上損金の額に算入することができます。

具体的には
① 常勤役員が非常勤役員になったこと。
　代表権がある場合や経営上主要な地位にある場合は除かれます。
② 取締役が監査役になったこと。
　監査役でありながら実質的にその法人の経営上主要な地位を占めている場合や、使用人兼務役員として認められない大株主である場合は除かれます。
③ 分掌変更の後の役員給与がおおむね50％以上減少したこと。
　分掌変更後においても、その法人の経営上主要な地位を占めていると認められる場合は除かれます。

3 役員退職金の金額の目安

法人税法上、不相当に高額な部分の退職金については、その法人の各事業年の所得の金額の計算上、損金の額に算入しないこととされています。そのため、一般的に役員退職金については、支給限度額があるものと思われている場合があるようですが、役員退職金の支給額については、株主総会において決議された金額であれば、支給額に上限はありません。ただし、不相当に高

額な部分の金額については損金に算入されません。

　税法上不相当に高額な部分の金額の計算については、功績倍率法が最もよく使用される計算方法です。

> 役員退職金の適正額＝最終月額報酬×勤続年数×功績倍率

　功績倍率については、社長3.0、専務2.4、常務2.2、平取締役1.8、監査役1.6という判例から、一般的に3.0が上限だといわれています。功績倍率法により役員退職金を計算する場合においては、使用する功績倍率に注意が必要です。

4　退職金に対する所得税

　所得税法上、所得は10種類（利子・配当・不動産・事業・給与・雑・譲渡・一時・山林・退職）に分類されており、退職所得は過去の勤務にかかる後払いの給与である、老後の生活に対するものである、などの考えにより支給されるものであるから、他の所得に比べて非常に優遇されているといえます。退職所得の金額の計算は次のようになります。

> （収入金額（退職金の総額）－退職所得控除額）×1／2＝退職所得の金額

　最も優遇されている点としては次に掲げる理由からです。
① 退職所得控除額

　　退職所得の金額の計算上、控除される退職所得控除額は原則として次のように計算されます。

勤続年数20年以下	40万円×勤続年数
勤続年数20年超	800万円＋70万円×（勤続年数－20年）

　　［例］勤続年数35年の場合の退職所得控除額

　　　　　　800万円＋70万円×（35年－20年）＝1,850万円

---

② 1／2課税

　上記退職所得の金額の計算式に示すとおり、退職所得控除額を控除した残額に2分の1を乗じて退職所得の金額が計算されます。

③ 分離課税

　2分の1を乗じて計算された退職所得の金額に対して、他の所得と合算することなく、累進税率を適用して所得税の金額が計算されることとなります。

　このようにとても有利な条件で課税が行われる退職金の支給については、有効に活用する必要があります。

第2章 法人編-⑲

株価対策としての役員退職金

担当者：社長は事業承継について、今後はどのようにされたいと考えておられますか？

社長：できれば会社を息子に引き継いでほしいと思っているのだけれど。

担当者：御社は業歴も長く業績も良いので自社株の評価額が高くなっています。株式をお子様に移転するにしても自社株対策をした上で計画を立てて承継をすすめていかなければうまくいきません。

社長：そうだな。では自社株の評価額を引き下げるには、どんな方法があるのかな？

担当者：色々と対策はありますが、事業承継を前提に考えると役員退職金の活用が考えられます。

社長：ほう、どんな方法なのかな。

担当者：社長がお子様に会社を譲り、退職して、退職金を受け取ることで評価額が下がるという方法です。

社長：なるほど。どのくらいの効果があるのか資料が見たいな。

担当者：かしこまりました。一度試算をして参考にしていただけるような資料を次回お持ちいたします。ちなみに、今回の自社株評価と対策の提案に関しては、複雑で専門性の高い分野になり、準備に時間もかかるため、顧問報酬とは別の報酬をいただきたいのですがよろしいでしょうか？

社長：よし、わかった。会社の将来がかかった重要な事業承継の意思決定のための資料作成なので、別に費用がかかるのも了解しよう。では、お願いするよ。

> **ポイント** 自社株対策として、よく活用されているのが役員退職金の支給です。役員退職金は在職年数や最終役員報酬の額によって、相当高額な金額を会社から支給することができます。その役員退職金の支給は、自社株評価に影響する会社の当期の利益と純資産を減らすことができます。

1 役員退職金を活用した株価対策の具体例

次に示す会社を前提として、役員退職金を支給した場合の自社株の評価額を比較してみます。

	支給しない場合	支給した場合
業種	サービス業	サービス業
会社規模区分	大会社	大会社
株式数	400株	400株
資本金等の額	2,000万円	2,000万円
役員退職金支給額	0円	1億5,000万円
配当金	0円	0円
利益金額	6,000万円	0円（▲9,000万円）
純資産価額	3億円	1億5,000万円
類似業種1株あたり　株価	600円	600円
類似業種1株あたり　配当金額	8円	8円
類似業種1株あたり　利益金額	50円	50円
類似業種1株あたり　純資産価額	250円	250円

① 類似業種比準価額方式による計算

$$600円 \times \frac{\frac{0円}{8円} + \frac{150円}{50円} + \frac{750円}{250円}}{3} \times 0.7 \times \frac{50,000円}{50円} = 84万円$$

全株式　84万円×400株＝3億3,600万円

②　退職金1億5,000万円を支給した場合の計算

$$600円 \times \frac{\frac{0円}{8円}+\frac{0円}{50円}+\frac{375円}{250円}}{3} \times 0.7 \times \frac{50,000円}{50円} = 21万円$$

全株式　21万円×400株＝8,400万円

　上記事例では1億5,000万円の退職金を支給することにより2億5,200万円（3億3,600万円－8,400万円）の自社株評価額の引下げ効果がありました。このように自社株対策においては、役員退職金の活用は大きな効果がある場合があります。
　また、役員退職金を支給する際は、特別損失として計上することにより金融機関の格付けを落とす可能性も少なくなります

第2章 法人編-⑳

死亡時の役員退職金と弔慰金

担当者：先日はご提案しました役員退職金規程の作成にご協力いただきありがとうございました。

社長：いやいや、こちらこそ。自分が創業した会社なので、規程なんてなくても、自由にもらえるものだと思い込んでいたので提案してもらって助かったよ。ところで、規程の中に弔慰金に関する部分があったと思うんだけど、弔慰金には相続税もかからないと聞いたことがあるし、家族のためにも弔慰金の金額をもうちょっと増やしたいと思ったんだが、どうだろうか。

担当者：弔慰金は基本的には非課税なのですが、限度額があり、これを超える弔慰金には相続税がかかる場合があります。

社長：そうなのか、残念だな。弔慰金にも相続税がかかるのか…。

担当者：弔慰金を増額することはできますが、現在の御社の弔慰金は相続税が非課税となる限度額に設定されていますので、増額部分は死亡退職金と合算されます。死亡退職金にも非課税枠があり、合算した金額がこの非課税枠を超える場合は超過額に相続税がかかります。

社長：なるほど。自分の会社からお金を引き出そうと思っても色々と大変なんだな。

ポイント
役員退職金規程の整備とあわせて弔慰金の金額などについても確認しておきましょう。なお、役員退職金規程の中で弔慰金を定めているケースや、それとは別に役員慶弔金規程などで弔慰金を定めているケースもあるので注意しましょう。

1 役員退職金規程を作成しておくと相続税対策になる

社長などの会社の役員が死亡したときに相続人の家族が困ることがないように、株主総会の決議を経て、役員退職金規程や弔慰金を定めておくことは相続税対策としても有効です。なお、

死亡退職金等の受取人を妻や後継者、特定の者としたい場合は、あらかじめ規程において受取人を定めておきましょう。

2 死亡退職金の税務上の取扱い

死亡退職金を支給する会社においては、支給額が損金（経費）となります。ただし、支給額が過大であると指摘された場合には、その過大とされた部分は損金となりません。

また、相続人が会社から支給を受ける死亡退職金は相続税の課税対象となりますが、次の算式で計算した限度額までは相続税が非課税とされています。

> 500万円 × 法定相続人の数 ＝ 非課税限度額

3 死亡退職金を誰が受け取るか

役員退職金規程などで受取人が定められていない場合、死亡退職金は相続人全員が均等に相続します。相続人全員の協議により任意の相続人が受け取ることもできます。役員退職金規程で受取人が定められている場合は、その規程に従います。

4 弔慰金にも非課税枠がある

会社が弔慰金を支給する場合は、規程等で定めておく必要がありますので確認しておきましょう。死亡退職金と同様に、支給する会社側では損金として処理できるほか、受取人である相続人側においては相続税の非課税枠があります。

■ 弔慰金の非課税枠（死亡退職金の非課税枠とは別枠）

死亡した理由	非課税枠
① 業務上の死亡 〔例〕 工場における事故による死亡等	死亡当時の月額報酬×36か月
② ①以外の死亡	死亡当時の月額報酬×6か月

実務上は、会社から相続人に対して、死亡退職金とあわせて弔慰金を支給することがあります。この場合は、弔慰金の非課税枠を超えた部分を算出し、死亡退職金等と合算します。その上で、死亡退職金等の非課税枠を超過した部分の金額が相続税の課税対象として扱われます。

第2章 法人編-㉑

オペレーティングリースが満期を迎える会社

担当者:社長、今期の決算までに以前投資された2つのオペレーティングリースが満期を迎えるようです。

社長:あら、2つとも満期が来るとは。納税資金には困らないけど、投資した頃よりも法人税率が下がっているので、仕方ないと受け入れるしかないですね。もう一度、オペレーティングリースに投資すればいいのかしら?

担当者:今まで5つのオペレーティングリースに投資されていて、残り3つも来年以降に、順次満期を迎えます。本業が相変わらず順調なので、設備投資など有効活用されるのが賢明かと思われます。そもそも、事業承継対策のためにオペレーティングリースを活用したので、初期段階で後継者に株式を移転させることで、事業承継の準備を進めることができました。

社長:確かにそうね。株式移転という点ではうまくいったわね。あとは経営者として心構えなど実際の経営が肝心ね。

担当者:税務面ではしっかり支援させていただきます。今後も宜しくお願いいたします。

ポイント オペレーティングリースは、購入当初はリース料が過大となって株式の評価額を押し下げますが、期間末期になると繰り延べられた利益が多額となります。さらに、リース期間満了後に、資産売却による売却益を受け取ることとなります。事業承継対策に活用する場合は、リース開始直後の株価が下がったタイミングで株式を移転することが有効です。

1 レバレッジドリースとオペレーティングリース

オペレーティングリースは従来、レバレッジドリースとも呼ばれ、投資家から集めた元手に金融機関からの借入金を加えることで、元手の何倍もの価格のリース物件が購入できました。税制改正によって、営業者から投資初期に分配される損失の損金計上の上限を出資額までとされたことを境に、商品名は「レバレッジドリース」から「オペレーティングリース」と変更されましたが、本質的にはこれらのリースは同等のものと考えられます。

2 オペレーティングリースとは

オペレーティングリース取引とは、とくに航空機、コンテナ、船舶等の大口取引に用いられるリース・ファイナンスです。リース期間が法定耐用年数の120％以内とし、税務上の条件をクリアした賃貸借取引等をいいます。投資額に比べて、大きな資産を所有することで、減価償却による利益圧縮効果が得られます。課税所得の繰延べができるので、相続対策のための株価調整にも活用されています。

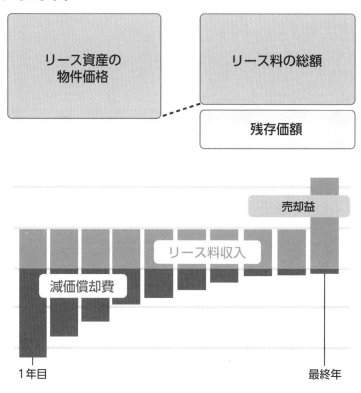

3 オペレーティングリースによる課税繰延べの効果

リース期間の初期に多額の減価償却費が計上されるので、赤字が出ます。しかし、後半になると繰り延べられた利益が多額となってきます。そのため、計画的に相続対策や設備投資に合わせて、利益計画を構築することが可能となります。

4 オペレーティングリースの投資リスク

もし借主が倒産した場合には、リース契約は終了し、同時に匿名組合契約も終了します。再リースを行う場合もありますが、リース料（収益）が減額される場合もあります。いずれにしても投資のリスクがあります。

■ 編著者紹介

101会（いちまるいちかい）

税務事例の分析や税理士業務の研鑽を目的として活動する、山本和義氏の主宰による関西の税理士有志のグループです。

税理士・行政書士・CFP
山本　和義（やまもと　かずよし）

昭和27年	大阪に生まれる
昭和50年	関西大学卒業後会計事務所勤務を経て
昭和57年	山本和義税理士事務所開業
昭和60年	株式会社FP総合研究所設立・代表取締役に就任
平成16年	税理士法人FP総合研究所設立・代表社員に就任
平成29年	税理士法人ファミリィ設立・代表社員に就任
著　書	『タイムリミットで考える相続税対策実践ハンドブック〔遺産分割・申告実務編〕』（清文社）
	『タイムリミットで考える相続税対策実践ハンドブック〔生前対策編〕』（清文社）
	『「配当還元方式」徹底活用ガイド』－立場で異なる自社株評価－（清文社）
	『令和6年1月相続・贈与分から適用　マンションの相続税評価はこう変わる！』（清文社）
	『遺言書作成、生前贈与、不動産管理法人、生命保険の活用による税務実務』（大蔵財務協会）
	『単純承認・相続放棄・限定承認の選択のポイントと活用法』（大蔵財務協会）
	『侵害額を少なくするための遺留分対策完全マニュアル』（共著・清文社）
	『Q&Aおひとりさま〔高齢単身者〕の相続・老後資金対策』（共著・清文社）
	『税理士が知っておきたい　相続発生後でもできる相続対策』（新日本法規出版）
	『「遺言があること」の確認』（共著・TKC出版）
	『相続財産がないことの確認』（共著・TKC出版）ほか
備　考	資産運用・土地の有効利用並びに相続対策、節税対策等を中心に、各種の講演会・研修会を企画運営、並びに講師として活動。また、資産税に関する研修会、個人所得・経営に関する研修会を毎月、定期的に開催しています。

税理士
樫木　秀俊（かしき　ひでとし）
のぞみ国際合同税理士事務所
〒530-0001　大阪市北区梅田1-11-4-1800
大阪駅前第4ビル18階

税理士
永井　博之（ながい　ひろゆき）
永井博之税理士事務所
〒530-0047　大阪市北区西天満3-5-10
オフィスポート大阪903号

税理士
加藤　芳樹（かとう　よしき）
税理士法人ウィン合同会計事務所
〒540-0012　大阪市中央区谷町1-3-5
アンフィニ・天満橋5階

税理士
中原　雄一（なかはら　ゆういち）
税理士法人Delta management
〒541-0051　大阪市中央区備後町3-3-15
ニュー備後町ビル5階

税理士・行政書士
桐元　久佳（きりもと　ひさよし）
日新税理士事務所
〒540-0008　大阪市中央区大手前1-7-31
OMMビル13階

税理士
藤井　敦（ふじい　あつし）
のぞみ国際合同税理士事務所
〒530-0001　大阪市北区梅田1-11-4-1800
大阪駅前第4ビル18階

税理士
髙津　拓也（こうつ　たくや）
MSC税理士法人
〒541-0041　大阪市中央区北浜2-2-22
北浜中央ビル5階

税理士
宮崎　知行（みやざき　ともゆき）
宮崎知行税理士事務所
〒541-0041　大阪市中央区北浜1-9-9
北浜長尾ビル3階

顧問先との会話から引き出す 資産対策提案テクニック

2024年12月27日　発行

編著者　　101会 ⓒ

発行者　　小泉 定裕

発行所　　株式会社 清文社

東京都文京区小石川1丁目3-25（小石川大国ビル）
〒112-0002　電話03（4332）1375　FAX03（4332）1376
大阪市北区天神橋2丁目北2-6（大和南森町ビル）
〒530-0041　電話06（6135）4050　FAX06（6135）4059
URL https://www.skattsei.co.jp/

印刷：大村印刷㈱

■著作権法により無断複写複製は禁止されています。落丁本・乱丁本はお取り替えします。
■本書の内容に関するお問い合わせは編集部までFAX（06-6135-4056）又はメール（edit-w@skattsei.co.jp）でお願いします。
■本書の追録情報等は、当社ホームページ（https://www.skattsei.co.jp/）をご覧ください。

ISBN978-4-433-72494-8